最美遇见你

罗 金◎著

仓央嘉措的10堂人生课

台海出版社

图书在版编目(CIP)数据

最美遇见你 / 罗金著.--北京:台海出版社,
2015.5

ISBN 978-7-5168-0611-1

Ⅰ.①最… Ⅱ.①罗… Ⅲ.①散文集-中国-当代
Ⅳ.①I267

中国版本图书馆 CIP 数据核字(2015)第 081598号

最美遇见你

著　者:罗　金

责任编辑:戴　晨

装帧设计:张红伟　　　　　　版式设计:通联图文
责任校对:唐思磊　　　　　　责任印制:蔡　旭

出版发行:台海出版社
地　　址:北京市朝阳区劲松南路1号　邮政编码:100021
电　　话:010-64041652(发行,邮购)
传　　真:010-84045799(总编室)
网　　址:www.taimeng.org.cn/thcbs/default.htm
E-mail:thcbs@126.com

经　　销:全国各地新华书店
印　　刷:北京高岭印刷有限公司
本书如有破损、缺页、装订错误,请与本社联系调换

开　本:710mm×1000 mm　　　　1/16
字　数:200千字　　　　　　　印　张:16
版　次:2015年6月第1版　　　印　次:2015年6月第1次印刷
书　号:ISBN 978-7-5168-0611-1

定　价:35.00元

前言 | PREFACE

历史上有那么一个人,充满了传奇色彩,被人遗忘又总被人记起,被人猜测又议论。

他,曾贵为六世达赖喇嘛;他,曾是雪域王子。

他是活佛,也是出色的诗人,爱情被他写成动人的诗歌,在藏汉各地代代流传。

……

他,就是仓央嘉措。

仓央嘉措是西藏让人敬爱的上师,足踏莲花而来。他一生跌宕,甘心辗转,在平凡和超脱之间,在信仰和自由之间,在入世和出世之间,追寻最终彼岸的宁静。

几百年后,他的故事依旧能引起我们的思考和感叹——一种对生命的思考和感叹。

关于仓央嘉措,流传最广的,还是他写的那些被称作情歌的诗,以及夜出布达拉宫,在八廓街黄房子里会情人的传说。

林语堂在《吾国与吾民》中说,诗词就是中国人的宗教。学者于丹对此十分认同:"我们很多的功业是属于生活层面的,但诗意是一件生命层面的事情。""如果没了诗意在我们生命深处的这份平衡,我们在生存层面上又何以去担待这个时代给我们的一切喜忧呢?"

诗歌不是茶余饭后的谈资,也不是在求职和写情书时说的句子,而是潜藏在生命深处的一种节奏和韵律,是我们沉重人生中一种轻盈的平衡。

很多人是因爱上一首诗而爱上这个人，当知道这首诗的作者另有其人时，难免沮丧失望，就如之前曾在网上流行一时后来却被证明非仓央嘉措所作的《十诫诗》和《见与不见》。

其实，他始终在那里，只要知道他曾经存在过，那就够了。神话出现了，就无憾了，哪怕有一天会消逝。

仓央嘉措的一生向我们展示了人生的价值不在于你活了多少年，而在于你走过的生命中有多少"好时节"。这取决于你的心态。看不开，处处抱怨，人生便是一出悲剧；看开了，知足、乐观地活，便能活出"人生好时节"。

在物质生活日益提高的今天，心理疾病却以前所未有的速度在蔓延，如抑郁、自闭、狂躁等。这些疾病不仅影响了人们的正常生活，严重者甚至使人走上了绝路。

据有关统计数据表明，抑郁症将在21世纪成为威胁人类生命的第二大杀手。在全球范围内，超过5亿人正在遭受这一疾病的折磨。

应该怎样进行治疗呢？必须从心开始，正所谓"心病还须心药医"。

人要拥有平常心，正确认识自我。读仓央嘉措，能让人在灵魂的沉静处找回初心，找到信仰。读仓央嘉措，读的不仅仅是他的诗歌，也是他走过的路、活出的人生，以及他用出世者的眼光望俗世时显露出的智慧。本书以仓央嘉措一生的修行为线索，让仓央嘉措教你当下觉悟、获得自在的修行智慧，帮你找到幸福的真谛。

目录 CONTENTS

那一日/我闭目在经殿的香雾中/蓦然听见你诵经的真言/

那一月/我摇动所有的经筒,不为超度/只为触摸你的指尖/

那一年/磕长头匍匐在山路,不为觐见/只为贴着你的温暖/

那一世/转山转水转佛塔,不为修来世/只为途中与你相见……

喜欢仓央嘉措,不仅喜欢他的诗歌,还有他字里行间透露出的真性情。这位活佛,因无法得到正常人能拥有的感情,而寄情于文字去想象,明明是个悲剧,笔下的诗却那么美;明明是出家人写的诗,却是热恋中的人最爱看的。

第五章 修为与人生——宁静在你的内心,不在山水间 …… 101

很多人喜欢到寺院礼佛敬香,就像很多人喜欢踏着仓央加措的足迹,去雪域高原听喇嘛诵经一样。为什么?因为当他们仰望佛像时,内心往往会感受到一种异乎寻常的安静与祥和,这种安静不是无声的安静,而是内在的安静。

第六章 魅力与人生——拥有一个至纯至美的灵魂 ………… 123

三百年来,数不清多少世人循着诗句,寻找那些生动的令人不忍卒读的故事。仓央嘉措,才情无双,每一天都有人跋山涉水找寻他,为他点亮一盏酥油灯,他的诗句被广为传诵。这是他至善至美的灵魂折射出来的永不消散的魅力。

第七章 信仰与人生——给心地净土,能够生出净信 ………… 147

仓央嘉措更像是一位众生的佛,他拂去了我们灵魂上的
尘土,在某个瞬间,还原了一个本来的自我。从某种程度上说,
他是很多人的信仰——借由他和他的诗歌,我们可以更加清
醒地对待感情,对待生命。

第八章 得失与人生——活在当下,是真洒脱 ……………… 165

活着的人,有活在过去的,有活在未来的,但能真正活在
当下的,少! 仓央加措可以算是难得的一个。他在一首诗歌里
写道——纵使龙魔逐我来,张牙舞爪欲为灾,眼前苹果终须
吃,大胆将他摘一枚。

第九章 幸福与人生——和心爱的人吃茶去 ·················· **187**

生活和工作的节奏越来越快,很多人变得越来越浮躁,仿佛身处巨大的漩涡而无法自控。这时,阅读仓央嘉措,体会一位活佛年轻时对美好情感的细腻体验和大胆直率的表述,就如同在沙漠中看到绿洲一般,浮躁的心立刻就得到了安抚。

第十章 情趣与人生——在烟火生活中,活出诗情画意 ······ **209**

人生的许多乐趣主要来自于灵魂,如果大量关注自己的灵魂,并用诗性锻造灵魂,哪怕是在一个很无趣的环境下,他仍然可以活得与众不同,仓央嘉措,就是这方面的典范。而烟火生活中的我们,一样可以活出情趣,活出诗情画意。

附　录　那山,那水,那人——充满传奇色彩的仓央嘉措 …… 229

> 正史中的他只有寥寥数笔,野史传说中却遍布他的足迹;诗坛上的他有很深的造诣,而现实中的他是转世的活佛。这一切的一切,注定了他在这三百多年乃至今后都是一个谜,没有人能揭开那神秘的面纱。

最美遇见你

第 一 章

步步莲花
——走近仓央嘉措

他是六世达赖，他是仓央嘉措，他是雪域的王，他是世间最美的情郎……他的灵魂，几百年来不曾消散，他告诉我们生命的无常和美丽，且让我们沿着他的足迹，在雪域高原明净的蓝天和澄澈的湖水下，一路走向彼岸花开。

1.生命,是一个产品

六世达赖仓央嘉措于公元1683年正月十六出生于藏南门隅地区的乌坚林村,相传,在经过一系列的验证后,当时的当权者们认为,他就是五世达赖的"转世灵童",于是,他们说服了仓央嘉措的母亲,将他送入寺庙学习。

从此,仓央嘉措告别了他的家人,跟着几位僧人来到措那宗的寺院里居住。6岁时,有6位学问高深的僧人担任他的老师,自此,他开始了枯燥的学经生活。而因为当时的某些政治需要,这一切都在暗中进行,没有人知道。

我们无从得知仓央嘉措的母亲对于自己的儿子是"转世灵童"一事是欢喜还是惶恐,但我们可以想象,对于一个6岁的孩子来说,他从此将终日过着与世隔绝的日子,不能和同龄人一样到广袤的草原上策马扬鞭,不能和小朋友们一起嬉戏玩耍,每天面对的就是面无表情的师父们和永远读不完的经书……

这或许就是他苦难的开始,而这一切,却由不得他选择。

所以,有人说:"对人生无常的体验,大概未有超过六世达赖仓央嘉措者!"

千百年后,他的故事依旧能够引起我们的思考和感叹——一种对生命的思考和感叹。若一世为人,就为了看破、放下,明明生来有情有欲,偏偏要努力修为,达到无欲无求、无悲无喜、四大皆空的境界,那活着的意义是什么？活着和死去，岂不是同样的状态？

其实，从佛法角度来看，世间一切都是"无常"的。我们的一生，色身从小到大，由盛而衰，其间种种变化，就像时光的脚步，不曾少息。世人都很关注相貌和身体的美，其实，那种美是非常短暂的。所谓红颜易老，青春难驻，永葆青春不过是一场注定失败的梦，因为那是在和自然规律抗争。几千年来，多少人为驻颜有术而费尽心机，但迄今所取得的最大成功，不过是延缓衰老速度而已。而现代人内心躁动，这种浮躁之气不仅影响到内心，当它表现出来时，还会影响到我们的外在气质乃至相貌。

相对外在身相来说，内在美才是历久不衰的。它不会因年龄渐增而失去，相反，内在的美需要通过长期积累才能绽放光芒。就像璞玉那样，经过无数雕琢打磨之后，方能展现它所蕴含的明洁之美、纯净之美。这种内在美，就是人格的美、心灵的美、生命品质的美。

那么，我们如何来美化生命、庄严生命呢？

首先，需要了解生命。其实，生命也是一个产品，是无明制造的一个产品。对这个五蕴和合的生命体来说，最本质的就是人心和人性，并显现为善和不善两方面。儒家思想认为，人可以成贤成圣，但也可以成为衣冠禽兽。西方宗教也有类似观点，认为人有神性，但同时也有兽性，这都说明了人的两面性。佛法所作的归纳是，人有佛性，也有众生性。佛陀在菩提树下悟道时就发现，每个生命内在都具备与佛菩萨相同的潜质。所以，虽然我们现在只是充满困惑的苦恼凡夫，但还是有希望的。

仓央嘉措的一生向我们展示了：生，是一种苦，但不是遭罪，生活中的种种都可以用来观想，用来了悟，世间一切都是"无常"，但不是消极——这就是佛家说的"人生是苦"。而这个所谓的"苦"，并非指生活的艰苦、艰难。那么，这个苦是指什么呢？

在佛家的说法里，有"无常之苦"，一切都无常，都会变化，佛以无常变化的意思说人生都是苦的。譬如身体健康并不永久，会慢慢衰老病死；有钱的不能永远保有,有时候也会变穷;权位势力不会持久,最后还是会失掉。以变化无常的情形看来,虽有喜乐,但不永久,没有彻底,当变化时,苦痛就来了。

所以,佛说人生是苦,苦是有缺陷、不永久、没有彻底的意思。

佛说的"娑婆世界",意为能忍受许多缺憾的世界。众生禅佛悟道的最终目的,是想要在"忍"受种种苦难的同时参悟、修行,并以慈悲之心、智勇之谋、明静之志以感化自身、教化他人,在净化自己心灵的同时解脱俗世间各种困扰,达到超凡脱俗的境界,获得心境的平和、人生的喜乐,是为相对的圆满。

2.开启解脱苦痛的道路

当人浸润在某种特定环境中,或与某些特定类型的人共处,或暴露于某些媒介之中时,就会生发出某些特定的习性或习惯。父母和社会环境会深刻地影响我们的思考、感受和行为方式。

仓央嘉措成长的时代,恰值西藏政治动荡不安之际,当时,内外各种矛盾接连不断地出现。1700年(藏历铁龙年),丹增达赖汗在西藏去世,其次子拉藏鲁白来至前藏,承袭了乃父职位。蒙古施主当中对此有赞同与反对的两种意见。另外,第巴对五世达赖喇嘛的圆寂进行了长期保密,这引起了清朝康熙帝的不满。在西藏内部,第巴的独断专行,长期"匿丧",身穿袈裟而又公开蓄养"主母"等行为,也招致哲蚌寺、色拉寺部分首脑产生不满情绪。

各种矛盾错综复杂，仓央嘉措感到"失望，学习也无益处"，遂变得懒散起来，且喜好游乐，放荡不羁。

可见，我们后天习得的对于外界事物特定的感官解读方式会形成各种所谓的习性。这些习性在你我的内心留下了不可磨灭的印记，形成内结盘踞在心识深处。这些所谓的"结"就是人心深处悲伤和痛楚的集合体。

比如说，当母亲不停地叮嘱你"你太胖了"，不能吃这，不能吃那，你心中的憎恶和愧疚感就会逐渐累积，在内心积聚成复杂的心结。

负面的习性在心中积聚时，往往会主导你的头脑、模糊你的视线，让你无法看清事物的本来面目。负面能量如抽烟酗酒或大吃大喝等，会带来痛苦，而幽默、慷慨大方等正向的习性则会给人带来享受。

人总是轻易地执著于欲望，并利用它们对抗情绪饥渴。比如想吃东西的欲望，如果我们没法满足自己的贪欲，欲念之"结"就会在心中形成。许多欲望都可能导致心结的形成，不仅饮食之欲，也包括对烟酒、毒品、性和赞誉的执著。一旦品尝过某种"美妙"的滋味，一种结就会形成，我们会试图去一次又一次地重复这种感受。因为过于执著，当欲望无法满足时，往往会感到失望，这就会导致其他的痛苦之结在我们的心中形成。

当欲望、怨怒、恐惧、自卑等内结在心中埋藏压抑数月、数年甚或几十年，我们的身心健康就会受到严重影响。这压抑可能来自对社会范式的错误认知或其压力。因为人都具有一种防御机制，可以把身体的疼痛、悲伤或内心冲突推入潜意识，并深埋在那里。但它们偶尔会浮出水面，进入我们的思想、言语和行为，表现为各种身心不安的症状。

但若任凭内结形成并肆意生长，它们最终会占据我们的全部身心，再去开解将十分困难。因此，践行正念观照非常重要。无论何时，只要内结成形，就要能马上意识得到，这样才能在它们成长壮大、根深蒂固之前及时觅得转化之道。

在一次战争中，老兵所在的部队向对方发起进攻，打了胜仗并俘虏了受伤的敌人。他负责用直升机运送一名受重伤的女俘虏。一路上，女俘虏死死地抓着她的吊床——对方长期生活在丛林里，睡吊床，只有极少的随身物品。她那双怀着无比仇恨和愤怒的双眼一直盯着他。

从她憔悴的脸上，老兵能感到女兵在控诉："为什么你们要破坏我们的国家？"还没到基地，女兵就在直升机里咽气了，眼睛仍然盯着他，冰冷而无情。

多年来，老兵一直保存着她的吊床，固守着痛苦，固守着难以割舍的复杂情结。直到有一天，一位高僧对他说："你现在已经变成了全新的人，你已经有了慈悲之心。别再执著于你昨日的痛、昨日的愧疚，放手吧。"最终，老兵把吊床给了高僧，高僧立刻把吊床投向火焰。

过后，这位老兵有了巨大的转变：他终于从固守多年的愧疚情结和巨大阴影中走了出来。

只要你不带评判、责怪、批评的眼光去观察和了解自己的感受和思想，你就能开启解脱苦痛之门。如果有痛苦、悲伤或怨气，承认其存在即可。只要你正念地承认这些情感的存在，痛苦、悲伤或怨恨就无法占据你，推你走向歧途。你要学会用关爱平复它们。通过这样的修行，内结将逐渐松动，反复修行后，我们将最终了解其根源，找到导致其形成的养分。有了这些洞见和理解，从根本上化解痛苦将不再困难。

3.忘记"我",才能解开内在的心结

相传,很多年以后,仓央嘉措在别人问他是谁、来自哪里、高寿几何时,答道:"自己尚且不自知,你知我是谁。"

然而,在我们的生活中,我们有一刻是忘了自己的吗？

我们最在意的,就是自己的家庭、财富、事业、孩子等。之所以在意,是因为前面被冠以"我"的标签。因为有了这个设定,所以"我"的家庭就比别人优越,"我"的财富就比别人重要,"我"的事业就比别人出色,"我"的孩子就比别人特殊,进而出现攀比,产生竞争。而这种自我的重要感和优越感,又会带来自我的主宰欲,让人们总想支配别人,这就使人生处处面临冲突。

从另一方面来说,所有烦恼都是由这些问题演化而来的。我们每天都在关注自己、在意自己,觉得"我"在爱、"我"在恨、"我"在苦恼,把这些情绪当作生命的一部分。

其实,这些情绪并不代表"我",只是生命发展过程中衍生的心灵肿瘤——没有健康的生活方式,身体就会发生病变;没有正确的观念和心态,内心就会烦恼丛生,郁积成病。

在物质生活日益提高的今天,心理疾病却以前所未有的速度在蔓延,如抑郁、自闭、狂躁等。这些疾病不仅干扰了人们的正常生活,严重者,甚至使人走上绝路,具有极强的杀伤力。

据有关统计数据表明,抑郁症将在本世纪成为威胁人类生命的第二大杀手。仅在中国,抑郁症患者就多达3000万,而在全球范围内,超过5亿人正在遭受这一疾病的折磨。

这是多么惊人的数字。应该怎样进行治疗呢？这就必须从心开始，所谓心病还须心药医。

我们要认识到，这些疾病并不是"我"，只是生命延续过程中产生的畸变。换言之，就是把疾病当作客体进行观照，而不是在乎它，跟着它跑。这样，不良情绪就会逐渐平息。佛教的禅修，起的正是这样的作用。

如果把心比作舞台，那么，各种念头就是其中的参演者，它们在台上川流不息，交替登场。如果我们投入其中，每个角色登场时都去摇旗呐喊，就会在疲于奔命中耗尽一生。这不仅是对人生的极大浪费，更可怕的是，还会由此积累不良恶习，影响未来的生命。

神会禅师前去拜见六祖慧能，六祖问他："你从哪里来？"

神会答道："没从哪里来。"

六祖问："为什么不回去？"

神会答："没有来，谈什么回去？"

"你把生命带来了吗？"

神会答："带来了。"

"既有生命，应该知道自己生命中的真相了吧？"

神会答："只有肉身来来去去，没有灵魂往往返返！"

慧能拾起禅杖，打了他一下。

神会毫不躲避，只是高声问："和尚坐禅时，是见还是不见？"

慧能又杖打了三下，才说："我打你，是痛还是不痛？"

神会答："感觉痛，又不痛。"

"痛或不痛，有什么意义？"

神会答："只有俗人才会因为痛而有怨恨之心，木头和石头是不会感觉到痛的。"

"这就是了!生命是要超越一切世俗观念,舍弃一切尘想与贪欲。见与不见,又有什么关系?痛与不痛,又能怎样?无法摆脱躯壳的束缚,还谈什么生命的本源?"

慧能又说:"问路的人是因为不知道去路,如果知道,还用问吗?你生命的本源只有自己能够看到,因为你迷失了,所以你才来问我有没有看见你的生命。生命需要自己把握,何必问我见或不见?"

神会默默礼拜合十。

原来,生命的真谛就是要超越一切世俗观念,舍弃一切尘想与贪欲。因为,对于人来说,身外的一切都是多余的。我们有理由相信,对于仓央嘉措来说,这个世界不存在任何束缚,因而他能来去自由、洒脱轻松,不为虚妄的东西所动,能够放下世间的一切假象,不为功名利禄所诱惑,有所为,有所不为。

使心灵得到历练,才能摆脱物欲的控制,获得绝对的自由。

4.每个人的心中,都住着一个孤独的小孩

在很多人看来,活佛是一个舒适的王者,或是一个令人倾慕的才子,这种想法大错特错。在仓央嘉措短暂的一生中,他经历了所有人无法想象的光荣与屈辱,承载了世间俗人无法理解的圣洁与晦暗。他的身世,他的处境,他的困惑,都逼迫着他不断思考,就像一缕剪不断的麻线,紧紧压迫着他,让他无法呼吸。

他是一个孩子，他由一个民间最底层的孩子变成了一个万人敬仰的活佛。他的心，还停留在花花世界的诸多色彩中，而他的眼睛，却不得不只盯着色彩单一的佛像。周围的人都视他为活佛，仰望他，敬重他。望着无数敬仰的目光，他将自己的心事深深埋葬，不敢说，也不能说……

他是孤独的，无论民众有多么爱他，都无法扭转他孤独的宿命。

我们之所以爱仓央嘉措，很大一部分原因，是因为我们能深切地体会到那种孤独的感觉——很多人，哪怕是那些自以为幸福的人，也免不了要经历无数孤独的时刻。在那些时候，他们觉得自己是苦恼的、无助的，甚至有身处沙漠的感觉，总觉得这世上没有人真正了解自己。

产生这种心态的根源还是在内心中，当所欲和所得不相匹配的时候，孤独感就会随之而来。很多时候，我们感觉孤独不是因为身边没有人照顾和关心，也不是没有人牵挂我们，而是内心真正想要的那个人不在。我们把全部的精力都放在了我们想要的人和物之上，自然就对其他熟视无睹。

我们身处繁华的都市，身边满是来来往往的行人，却感受不到半点来自人的关怀；我们身边满是高楼大厦，却无法拥有一个哪怕小小的安放心的地方。当我们感觉无助的时候，大都市的繁华不但不能冲淡这份孤独，反而让我们更加烦躁。灯红酒绿、莺歌燕舞的存在只会加重我们的孤单和无助。

深夜，一个喝醉酒的人在街道上摇晃，其落寞的身影跟身边的喧闹格格不入，他就好像一缕孤独的游魂，浑身散发着寂寞。这时候，一个警察走上前去扶住了他。很快，警察认出了这个人，他是住在附近的一个富翁。警察问他："为什么这么晚了还在街上乱走？为什么不回家？"富翁指着不远处的一栋别墅说："你是说那个吗？那不是我的家，那只是我的房子。"

富翁会如此，就是因为他的"家"只是一个安身的地方，不能安心。

我们又何尝不是如此呢？现实一次次告诉我们，真正宝贵的，不是钱，也不是事业，而是心。如果心安了，普通人一样快乐；如果心不能安，即使是富翁也会有无尽的烦恼。

然而，我们的心又往往是不安分的，它好像是一个天生的猎手，专门捕获孤独。原本只是有一点点的不如愿，心却将之放大，让我们陷入深深的无助而不能自拔。

虽然在我们的内心中，这种孤独是难挨的、痛苦的，让人感到煎熬，但我们表面上还是会强颜欢笑，在人前依然是一副快乐的模样。这样做无非是为了显示自己的坚强。更有甚者，会将孤独描述成一种享受，认为孤独是从喧闹的人群中暂时偷来的闲适，是一种高傲的、优美的、完全的精神自由。但这份高傲和优美到底有多痛苦，只有自己能够了解。它是不能对人言说，且言说了也未必会招来同情的一种情绪。

孤独是心的事，只有心能够解决。

每个人的心中都住着一个孤独的小孩，这个小孩非常敏感，他能够感知到外界的一举一动。当一个人从内心感觉到孤独的时候，就会变得异常敏感，觉得这个社会处处都是危险，觉得所有人都不在意自己。这时候，他会拼命地去试探身边的人，用各种各样的方式来确认他们是否看重自己……这就是孤独的害处。它不仅让我们感到寂寞甚至恐慌，也会给别人带来烦恼。

想要改变这种境况，最好的办法不是从别人那里得到温暖——那温暖总有一天会消失，而是要打开自己的心，让它去容纳别人。

其实，在每一个微笑着面对孤独的面孔背后，都有一颗滴血的心。那血有的来自我们对美好的渴望，有的则来自多事者的搅扰。不管怎样，这感受总是难熬的，甚至让人感到崩溃——这就是孤独的真相。一旦我们选择了孤独，独处时，要面对孤独的自己；与人相处时，还要假装坚强。不管我们走到哪里，痛苦总是会伴着我们。

想要改变这一状况，就要改变自己，将自己的心敞开，容纳更多的快乐。

有人也许会说，当拥有一颗凄苦的心的时候，脸上依然能够露出微笑，是一种成熟，说明有掌控自己情绪的能力。但这种成熟与能力并不能给人带来幸福和快乐，相反，这种反差长时间存在，会让人的内心更加封闭。

所以，勇敢地活出自己才是最重要的。我们需要做的，就是敞开自己、强大自己，让孤独远离自己。在寂寞、孤独、无助的时候，不要给自己找太多的借口，不要跟自己说强者是注定孤独的。那不是治愈精神寂寞的良药，而是一种致幻剂，只会让你醒来之后更加痛苦。

所以，不要做表面上的强者。脸上挂满微笑，内心充满凄苦，或许可以让你显得坚强，却难以给你带来真正的幸福和快乐。

改变负面情绪的最好方式不是掩盖和逃避，而是释放。负面情绪只有经过释放之后，才能够彻底清除。任何将之积压在内心深处的做法都是不可取的。

孤独是灰色的，是阴暗的，是负面的。它并不高贵，也不大气，它不是灵魂的安慰剂，而是一味毒药，要远离它、排遣它、消解它，更要战胜它。要在它还没有控制你的时候，将之消除。那时候，你才会明白，什么才是真正的来自灵魂的救赎。

5.青春,必然会叛逆,必然会消沉

相传,记载了仓央嘉措私生活不检点的史料中,有一封桑结嘉措给五世班禅的信。信中大意是,活佛最近不是很喜爱佛学,外又有传言说他爱好游乐,请大师多加教导。同时,在五世班禅的自传中也记录了这样一件事,仓央嘉措生活懒散,不喜佛学,桑结嘉措曾经反复规劝过他,甚至督促他身边的人对他严格管教,并按照约定,安排仓央嘉措去日喀则的扎什伦布寺受比丘戒。

但这是可以理解和同情的——不是吗? 一个孩子,一个少年,远离人群,每天与他的老师们相处,读的全部都是"无我相,无人相,无寿者相"的佛经。虽然他们都尊重敬爱他,却没有人能真正理解他,没有人能以一个普通朋友的身份与他相处。

久而久之,他的性格就变得孤僻叛逆。加之在宗教与政治上又无法取得建树,年轻的仓央嘉措显示出了自己急躁的一面,变得厌学、懒散、不思进取。

从任何一个少年的成长经历来看,这都是必然的——必然会叛逆,必然会消沉,必然会变得让人惊诧万分。

回想我们,似乎每一个年代的青春,都是注定要被关注和非议的喧嚣时光。对于80后的种种非议似乎还在耳边回响,关于90后的指责却已甚嚣尘上。亦如当初70后到80后的过渡:嚣张、虚荣、敏感……

我们无处挥洒的精力与无处告悔的窘迫,我们不可一世的骄傲与不经世事的脆弱,还有无法抑制的虚荣与不够丰富的物质……这种种经纬错落,交织成明亮与阴影并存的成长病例……

难过,却最终会过去的艰难时光。

不用惊慌,因为所有人都是这样一步步长大的。

其实,青春的叛逆和消沉只是一个观念的问题,是由于我们无法正确看待人生,没有把青春看作生命的一个正常阶段,相反却给它贴上了特权的标签,以为在这个阶段可以为所欲为、无往不胜。再或者,经常制定名目繁多的日程表,却不督促自己按照计划执行。

青春是人生的黄金岁月,这个年龄段的年轻人已经逐渐开始了人生角色的转换。在从懵懂少年走向成熟岁月的道路上,他们会面临诸多困惑和不解。青春容易使人麻痹大意,令我们觉得后面还有大把时间,因此经常不会珍惜眼前拥有的,或许还幻想着某些不劳而获,于是成了希腊神话里的纳西索斯,美少年爱上自己在水中的倒影,终日在水边徘徊,最后溺死在水里,化作水仙花。"爱上别人,却不能以被爱作为回报。"是众神对纳西索斯的惩罚。

很多孩子一进入青春期,往往会一改乖孩子的形象,他不会永远如儿时那样单纯、天真、可爱,在他进入青春期后,会希望独立地探索世界、认识自己。很多时候,他需要独处,需要有内在和外在的宁静。

孩子一直在成人的包围中成长,他所有的观念都是大人一手帮他建立起来的,当他在自我苏醒、渴望独立的时候,一定会重新审视这些已有的东西,将它解体、重构,建立起自己新的价值体系。这个过程犹如一场革命,必定是由破坏开始,至于破坏的方式和程度,以及破坏之后的重建情况,却各不相同。

青春期的孩子难免会有粗暴无礼的、非理性的表现,让人感叹其教养还不如小孩。其实这不是教养的问题,而是他内在冲突的体现。假如青春期的孩子完全规规矩矩,那反而是更大的问题,因为太不正常了。

当然,就像革命,破坏本身并不是目的,破坏是为了重建,旧秩序打破以后,新秩序必须建立,而新旧之间是有联系的,传统的影响力并不能完全根除。所以,幼时的教养还是很重要的,幼时所接受的价值观经过青春期的洗礼,大部分仍然会保留下来,经过他自己的改造和吸纳,真正成为融入他灵魂的东西。

对于少年们自己来说,人的青春只有一次,经不起太多的犯错。无视人生误区,你将自陷危机,永远成不了赢家。最好第一次就把世界看清楚,规避那些可能存在的误区,选择做对的事,选择正确地去做事。

有些事,年轻的时候不懂得,当懂得的时候,却已不再年轻;有些事,有机会的时候没去做,而当想做的时候,却没有机会了。

其实,一个人的一生,没有所谓"最正确"、"最便捷"的道路,也不可能出现一个能带着你走一辈子的贵人。每一条道路都有通往成功的可能,关键是你自己是否有信心、有勇气、有智慧地走下去。

6.去爱吧,就像没有受过伤一样

仓央嘉措的爱情,同样是一个永恒的谜。格鲁派佛教禁僧侣结婚,接近女性。深宫大院,难锁青春欲动,加上他相貌堂堂、英俊潇洒、风流多情,有太多的女子崇拜他、钟情他。对极端禁欲主义的清规戒律,仓央嘉措再也难以默守。而宗教的虚无神秘和爱情的虚无神秘都使他想挣脱这些,抓住一点现实的东西。围绕他的政治角逐,更使得仓央嘉措急于寻找一种"生命的真在"。

相传，仓央嘉措在布达拉宫后面林园的湖中小岛上修建了一座名叫龙王潭的精美楼阁，在这里邀集拉萨城里的男女青年，在一起唱歌跳舞、饮酒狂欢。仓央嘉措编写了很多情歌让大家演唱，这些情歌很快在西藏传唱开来，很受人们的喜爱。在龙王潭，仓央嘉措结识了一个来自琼结地方的姑娘，名叫达娃卓玛。达娃卓玛容貌美丽，性情温柔，嗓音甜美，一双又黑又亮的大眼睛像刚刚酿就的葡萄酒，看一眼就能把人醉倒。仓央嘉措和她相知相爱，好像一个人是另一个人的影子。仓央嘉措非常喜欢达娃卓玛，认为她是神灵的赐予、前世的缘份，他写了这样一首歌来表达自己的心情："拉萨人烟稠密/琼结人儿美丽/我心心相印的人儿/是琼结地方来的……"

俗话说，甜青稞往往酿成苦酒，快乐往往变成悲哀。后来，仓央嘉措发现达娃卓玛好些天没有到龙王潭来，给她捎信约会，也像撒在水里的糌粑一样没有回音。于是，他亲自到她的住处拜访，只见门上挂着一把大锁，跟邻居们打听，才知道达娃卓玛被她父母带回琼结好多天了。仓央嘉措像丢了心爱的珍宝，心里特别难过。从此，仓央嘉措再没见过达娃卓玛，达娃卓玛成了他梦中的情人。

也许这只是一个传说，但我们相信，仓央嘉措成为达赖喇嘛之后，在那深宫大院中更明白了情感的珍贵，所以才义无反顾地把自己融进那情天孽海；我们也相信，从权力争斗的漩涡中走出后，他更明白了情感的圣洁，所以才毫不后悔地融入那女儿情长，任那情感的琼液浸没自己。

这个社会是一个风驰电掣的时代，无论工作还是生活，人们都显得步履匆匆。社会节奏之快，生存的压迫感之大，使人们无法停下脚步。爱情也一样。这个时代，爱情如捕风，来得快，去得也快，在你还来不及抓住它的时候，它已消失无踪。

面对快餐式的爱情，很多人迷茫、犹豫且矛盾。因为，真爱难寻，假爱不屑。很多人说，我们谈不起恋爱，怕受伤，怕承受代价……但，我们应该相信爱情的存在。当爱情来临的时候，像一生只有一次那样投入对待；在爱情离开的时候，为它打好行李，站在门口，送它离开。

爱情，偶尔有阴天，偶尔会下雨，但你可以让自己的心变成一个小太阳，暖暖的，就算不为他人，也要为自己而明媚。剩着并不可怕，但别有一颗剩着的心。别把自己的心变成贱卖的商品，不分辨地轻易交付于人；也别把心放在阁楼里，居高临下地看着；更别把心浸泡在回忆的毒汁中，拿一生来祭奠前尘往事。

柏拉图说，爱是一种疯狂，一种神圣的疯狂。今天，我们谈论爱情时，经常把它当作人际关系的一个方面，一种我们可以控制的东西。我们关心的是如何用正确的方式恋爱，如何获得成功的爱情，如何克服其中的问题，如何面对失恋的打击，等等。

很多人之所以去接受心理治疗，是因为他们对爱情的期望太高，而实际结果却让他们大失所望。很明显，爱情绝不是单纯的。过去的纠葛，未来的希望，以及种种鸡毛蒜皮的琐碎小事——哪怕与对方只有一点点联系——都会对爱情产生深远的影响。

有时，我们会以轻松的态度谈论爱情，却忽略了它强劲而持久的一面。我们总期待着爱情的抚慰，却总惊讶地发现，它在我们心中留下了空虚和裂痕。

柏拉图把爱称为"充实与空虚的孩子"。充实与空虚，恰恰是爱情的正反两面。

我们总是向往爱情，总是期待爱情抚平心中的创伤，让我们的生命更加圆满。或许在过去，爱情也曾让我们感到痛苦，但我们从来不在乎。因为爱情具有一种自我复苏的力量，如同希腊神话中的女神，只要在遗忘之水中沐浴一番，就能恢复贞洁。

每经历一次爱情，我们对它的了解就加深一分。失恋之后，我们总是痛下决心,今后绝不再犯同样的错误。我们的心变硬了一些,或许也变聪明了一些。

但爱情本身永远是年轻的,永远带着青春特有的愚蠢和笨拙。因此,与其在失恋的痛苦无望中形销骨立,不如坦然接受爱情造成的空虚,因为空虚是爱情本质的一部分。我们不必刻意避免重蹈覆辙,也不用让自己"变得聪明"。遭受失恋的打击之后,我们所能做的就是驱散心中的怀疑,再度投入新的爱情,尽管我们已经体验到了其中的黑暗和空虚。

所以,去爱吧,就像没有受到伤害一样;跳舞吧,就像没有人看你一样;唱歌吧,就像没有人听一样;工作吧,就像你不需要钱一样;生活吧,就像今天是最后一天!

7.慈悲,是世界上最强大的力量

相传,因为仓央嘉措终日沉湎于酒色,不守清规,他的政治敌人将此上报京师,请予废立。康熙帝即派侍郎赫寿等人赴藏,敕封拉藏汗为"翊法恭顺汗",赐金印,并将仓央嘉措从布达拉宫的职位上废除,"执献京师"。

在哲蚌寺前的参尼林卡为其送行时,哲蚌寺僧人将其强行抢至该寺的甘丹颇章宫中。拉藏汗闻报后,立即派兵包围了哲蚌寺,寺僧们亦准备武力抵抗,双方即将发生流血冲突。仓央嘉措见此情形于心不忍,自动走到蒙古军中,立地平息了这场一触即发的战斗。

而这位六世达赖的死因,成了一个永远的谜。

传说一,仓央嘉措在押解进京途中,病逝于青海湖。

传说二,仓央嘉措在路上被政敌拉藏汗秘密杀害。

传说三,仓央嘉措被清帝囚禁于五台山,抑郁而终。

传说四,好心的解差将仓央嘉措私自释放,他最后成为了青海湖边的一个普通牧人,诗酒风流过完余生。

流传最广的一种说法,也就是"密传"《琵琶音》的说法。"于火猪年当法王(即仓央嘉措)25岁时,被请往内地。""次第行至东如措纳时,皇帝诏谕严厉,众人闻旨,惶恐已极。担心性命难保,无有良策以对。于是异口同声对我(仓央嘉措)恳求道:'您已获自主,能现仙逝状或将形体隐去。若不如此,则我等势必被斩首。'求告再三。"仓央嘉措无限悲伤,话别之后,遽然上路,朝东南方向而去……此后,他经打箭炉至内地的峨眉山等地去朝山拜佛。然后,又到前后藏、印度、尼泊尔、甘肃、五台山、青海、蒙古等地云游,讲经说法,广结善缘,创下无穷精妙业绩。

由此不难看出,西藏老百姓至今仍然非常喜欢仓央嘉措,他也是历代达赖中最有人缘的一个。其中很重要的一个原因,就是仓央嘉措与生俱来的"慈悲"。而拥有这种慈悲之心,是修行的根本。

佛说:一切佛法如果离开慈悲,则为魔法。慈爱众生并给予快乐,称为慈;同感其苦,怜悯众生,并拔除其苦,称为悲;二者合称为慈悲。慈悲是世界上最强大的力量。只要我们有一念之慈,万物皆善;只要我们有一心之慈,万物皆庆。

鲁国国君孟孙有一次带着秦西巴等一帮臣子和侍卫进山打猎。孟孙捉到了一只幼鹿,这只鹿十分俏丽可爱。孟孙非常高兴,就下令让秦西巴先行回宫,把活捉的幼鹿带到皇宫中,赐给皇后玩赏。

秦西巴在回宫的路上,发现幼鹿的母亲紧跟其后,不停地哀号。母鹿和幼鹿遥遥相呼，叫声十分凄惨。秦西巴实在不忍心让这一对母子骨肉分离，便私自把幼鹿放了。

孟孙打猎归来，得知秦西巴放走了小鹿，原本的兴高采烈顿时化为乌有。一怒之下，他将秦西巴赶出了朝廷。

一年之后，孟孙的儿子，也就是鲁国的太子，到了读书年龄，需要找寻一位教书的老师。在人选的问题上，孟孙犯了难，怎么都找不到一位令他满意的好老师，大臣们向孟孙推荐的人，孟孙都不满意。

这个时候，孟孙突然想起了被自己赶走的秦西巴，于是立即命人去寻找秦西巴，并把他请回宫来，拜他为太子的老师。

大臣们对孟孙的做法很不理解，忍不住问道："秦西巴当年自作主张，放走了大王所钟爱的鹿，他是有罪之人，您现在反而请他来做太子的老师，这是为什么呢？"

孟孙说："秦西巴学问出色，更有一颗仁慈的心。他对一只幼鹿尚且如此怜悯，宁可受我责罚也不愿伤害它，请他做太子的老师，我非常放心。"

佛家典籍《宝鬘论》中说："每日三时施，三百罐饮食，然不及须臾，修慈福一分。天人皆慈爱，彼等恒守护，喜乐多安乐，毒刀不能害。"海涛法师曾说过："学佛修行之可贵，在于常涌慈悲心，视万物与我一体，同体大慈力，同怀大悲心，即使在境界现前时，亦能超脱凡情、俗念，拂逆困厄，而不变道心。"

如果人人都有一颗慈悲心，这个世界会越来越温暖，处处充满爱和友善。俗话说貌由心生，心存善念，我们也会渐渐变得慈眉善目，面貌和蔼。怀有一颗慈悲之心，多做善事，我们就能够到达心灵的仙境，触摸善良和美好。

8.青海湖边,永恒的瑰丽和传奇

六世达赖仓央嘉措,1708年至1710年在职,时间非常短暂,唯有《仓央嘉措情歌》如青海湖水一般世代流芳,声名远播。近三百多年来,这些情歌一直在藏蒙人民的口头萦绕,可谓家喻户晓,历久弥新。

《仓央嘉措情歌》是青藏高原最流行的情歌,是青藏高原最深入人心的民歌。仓央嘉措的才情,千百年来还氤氲在青海湖的烟波浩渺中。仓央嘉措因青海湖而得到另一种生命,一种永恒的生命。

正如尼采所说的:"人类的生命,并不能以时间长短来衡量,心中充满爱时,刹那即永恒。"

因为仓央嘉措,很多人开始了解藏传佛教,也喜欢上了藏族诗歌,仓央嘉措诗歌全集热销不减,电视、电影、音乐等众多媒介将他推向了更广大的受众群体。一些影视作品的相继传唱,更是把仓央嘉措的情诗运用到了极致。

仓央嘉措的诗歌,内容通俗易懂,应用比兴手法,朗朗上口,易于传播,且哲学与深邃悠远意境相结合,体察细腻情思,寓情于物。

仓央嘉措之所以在藏传佛教史上最受人爱戴,缘于他自身的修养及本真豁达的诗篇,他的许多"佛法诗"真实记录了学佛的感想、入定的心得。佛教的禁欲主义和情爱历来格格不入,他却勇于打破桎梏,揭示广大人民群众对当时制度的不满和对非理性佛教禁欲主义的批判。他还善于把佛家的许多语言揉进情歌里,别具一格,并常常以佛的境界来看世间俗事、人间情爱,这使他的诗歌充满了智慧,具有深刻的现实意义。

仓央嘉措本人叛逆的性格也造就了他在诗歌上的成就。他勇于放弃最高爵位，直面挑战清规戒律，敢于追求自由生活，他用自己的特殊身份邀请男女朋友唱歌跳舞、饮酒狂欢、直抒胸臆，表达爱情忠贞，反映爱情欢乐，折射爱与哀愁，表现宗教与爱情的冲突，在一定程度上契合了在戒律束缚下广大年轻人心灵想要得到释放的需求。正是由于真正接触过广大的人民群众，有丰富的生活实践源泉，仓央嘉措才能写出朴素自然、回味无穷、优美动人的诗歌。

至于仓央嘉措写的到底是情诗、宗教诗还是政治抒情诗，一直众说纷纭。但不管是什么，仓央嘉措带给了我们解脱烦恼、超然世外的宽广心胸，让我们在物欲横流的当下更深层地感悟人生真谛。

今天随着仓央嘉措情歌的传播，人们更相信仓央嘉措也是一名情僧，这些"情歌"就是他所写，甚至把一些本不是他写的情歌都说成是他的，演化为情歌的托附对象。

雪域高原象征纯洁宏伟，是圣地净土造化的一部分，雪域、圣山、神殿、经文在信仰的符号系统中是等同的，是天之蓝、山之阔、地之大的延伸，随着西藏旅游热，仓央嘉措的诗歌意象如今已变成我们可以触及的场景，极为真切。这样的感情，如白云从不向天空承诺去留，却朝夕相伴；风景从不向眼睛说出永恒，却始终美丽；每每翻阅，仿佛字里行间都散发着高原的清新气息。

这位有修有学的上师，这些不即不离的智慧，超乎人生的大彻大悟、大爱大勇，让人感到醍醐灌顶般的哲理思辨，大爱无言。

第二章

活佛与诗人
——没有什么比认识自己更重要

"住进布达拉宫,我是雪域最大的王。流浪在拉萨街头,我是世间最美的情郎。"他虽身为活佛,却阴差阳错以诗人的名声被人牢记于心,在他人生的坐标里,这是一个美丽的错误。

1.选择,比努力更重要

1702年(藏历水马年六月),仓央嘉措20岁时,第巴劝其受比丘戒。他听从劝告,前往扎什伦布寺与班禅大师洛桑益西相见。第五世班禅的传记里说:"休说他受比丘戒,就连原先受的出家戒也无法阻挡地抛弃了。最后,以我为首的众人皆请求其不要换穿俗人服装,以近事男戒而受比丘戒,在转法轮。但是,终无效应,只得将经过情形详细呈报第巴。仓央嘉措在扎什伦布寺居17日后返回拉萨。"(《五世班禅洛桑益西自传·明晰品行月亮》)

自那以后,仓央嘉措便穿起俗人衣服,任意而为。白天在龙王潭内射箭、饮酒、唱歌,恣意嬉戏。还到拉萨近郊去游玩,与年轻女子寻欢作乐,放弃了戒行。

如果可以再活一次,仓央嘉措究竟会否情愿再世为达赖?他会后悔他的荒疏学业,后悔他的不经世事,后悔他的消极逃避么? 再世为人,他又会如何选择呢?

19世纪,约翰·皮尔彭特从耶鲁大学毕业,前途看上去一片光明,然而,命运似乎有意捉弄他。

身为一名老师,皮尔彭特对学生是爱心有余而严厉不足,他很快就结束了做教师的职业生涯。但他并没有因此而灰心,依然信心十足。不久,他成为了一名律师,准备为维护法律的公正而努力。但他的性格似乎一点都不适合这一职业。他认为当事人是坏人就会推掉找上门来的生意；他认为当事人是好人又会不计报酬地为之奔忙。对于这样一个人，律师界当然感到难以容忍，皮尔彭特只好再次选择离去，成了一位纺织品推销商。然而，他好像并没有从过去的挫折中吸取教训，他看不到商场竞争的残酷，在谈判中总让对手大获其利，而自己只有吃亏的份。无奈，他只好再改行当了牧师。然而，他又因为支持禁酒和反对奴隶制而得罪了教区信徒，被迫辞职……

1886年，皮尔彭特去世。在他81年的生命历程中，他似乎一事无成。但是，你一定听过这首歌："冲破大风雪，我们坐在雪橇上，快速奔驰过田野，我们欢笑又唱歌，马儿铃儿响叮当，令人心情多欢畅……"

这首家喻户晓的儿歌——《铃儿响叮当》，它的作者正是皮尔彭特。这是他在一个圣诞节前夜，为邻居家的孩子们写的。因为他有着开朗乐观的性格、博大无私的胸怀、纯洁明净的内心，所以才能写出这样一首充满爱心和童趣的优秀作品。

由此看来，皮尔彭特之所以做不成称职的教师、律师和牧师，在这些领域里一塌糊涂，全在于他的性格不适合这些职业。而他最适合的职业应该是作曲家，可惜他做的一直都是错误的选择，所以才落得如此结局。

再贵重的东西如果用错了地方，也只能是垃圾或废物。在人生的坐标系里，一个人占到好地盘，比什么都强。

人类历史上有各种各样的巧合，总有"无心插柳柳成荫"的情况出现。比如辛弃疾的理想是做个将军，带兵打仗，结果却以诗人的身份被后人铭记。仓央嘉措也不例外，在他活着的时候，他是全西藏最高的宗教领袖，可死后却总以诗人的身份被人们提起。

人生，很多时候，选择比努力更重要。

爱因斯坦在科学上的贡献家喻户晓，而在20世纪50年代，爱因斯坦曾收到一封信，信中邀请他去当以色列的总统。爱因斯坦毫不犹豫地予以了拒绝。他在回信中写道："我整个一生都在同客观物质打交道，因而既缺乏天生的才智，也缺乏经验来处理行政事务及公正地对待别人，所以，本人不适合如此高官重任。"

历史学家则认为，"爱因斯坦是清醒而明智的，他的智慧和美德不仅在于他发现了相对论，还在于他发现了自己。"

是的，一个人竭尽全力去做一件事而没有成功，并不意味着做其他事也不会成功。所以在行动之前，先要想一下自己的选择是否正确。如果选择了一条不适合自己的道路，就注定难以成功。而我们很多人，在人生道路上的错误往往从违背自己的性格时就开始了：售货员想要教书，而天生的教师却在经营着商店；没什么绘画天赋的人却硬想在画坛闯出一番事业；站在柜台后三心二意接待顾客的同时却梦想着其他职业。正如美国总统富兰克林所感叹的："有事可做的人就有了自己的产业，而只有从事天性擅长的职业，才会给他带来利益和荣誉。站着的农夫要比跪着的贵族高大得多！"

所以说，决定你是否是最好的，既不是物质财富的多少，也不是身份的贵贱，而是看你是否拥有实现自己理想的强烈愿望，看你的性格优势能否充分地发挥出来。

正如一位诗人所说的："如果你不能成为山顶上的高松，那就当棵山谷里的小树——但要当棵溪边最好的小树；如果你不能成为一棵大树，那就当丛小灌木；如果你不能成为一丛小灌木，那就当一片小草地；如果你不能是一只香獐，那就当尾小鲈鱼——但要当湖里最活泼的小鲈鱼。"

2.花点儿时间,去审视自己

在西藏的历史上,曾经一共产生过14位达赖喇嘛,除却第一代达赖的灵塔在扎什伦布寺外,其他历代达赖喇嘛都有灵塔、塑像、绘画等纪念物供奉在布达拉宫,即使人们不怎么提及的只活到11岁的九世达赖和只活到18岁的十一世达赖,也都有他们的灵塔在,然而,声名远扬的六世达赖仓央嘉措呢?

当六世达赖的"浪荡"生活逐渐地被三大寺喇嘛发现,有个名叫东龙吉估的喇嘛说,他看见仓央嘉措穿着一件俗人穿的蓝缎子衣服,留了长发,不是僧人的秃脑顶,手指上戴着戒指,拿着弓箭往公园里走去。有的人还说:"在布达拉宫,他是仁钦仓央嘉错;在拉萨,在雪山,他是快乐的青年。"这些消息传到桑结嘉措的耳里后,便成为了他谋害仓央嘉措的一条理由。一天晚上,仓央嘉措夜游回布达拉宫,刺客伺机下手,但由于六世达赖武艺高强,刺客远非对手,因而刺杀未遂。不过,这次失败的行动却引起了六世达赖对桑结嘉措的怀疑。

1701年(康熙四十年),蒙古人在西藏的统治者达赖汗逝世,他的儿子拉藏汗继承汗位。拉藏汗即位后,与桑结嘉错的关系日益紧张。1705年7月,蒙藏两军之间发生了一场恶战,桑结嘉措被俘,不久即被处死。

在这场权力之争中,六世达赖与拉藏汗曾是共同对敌的战友。可是,拉藏汗赢得了最后胜利,却忘掉了这个战友,不仅如此,他甚至将矛头直接对准这个政治上不成熟的年轻人。拉藏汗派人赴北京向康熙帝报告桑结嘉措"谋反"经过,同时又进奏六世达赖是桑结嘉措立的假达赖,所列罪状为"耽于酒色,不守清规",要康熙帝予以"废立"。康熙帝出于对西藏地区的安定需要,同意将仓央嘉措"执献京师"。

六世达赖无意做西藏的政教首领,他不是政治家,他全部的天才都在文学上,他与他的作品,至今仍为全体藏族人民所传诵,是我国文学史上一朵永不衰败的鲜花。塑像是不会再铸了,壁画中看不见他的影子,也没有灵塔的安置。

然而,他的诗却传遍了前藏、后藏,传遍了藏北、藏南,传遍了古老的山南,传遍了大江南北。他无法改变自己的命运,但他找对了自己的位置。用佛法的话说,他其实早已经"觉悟"。

那么,什么是觉悟呢?

有一个学僧慕名求见著名的智常禅师。当时,智常禅师正在锄草,草中刚好跑出一条蛇,禅师举锄便斩。

学僧见此情景,不以为然地嘲讽道:"小僧久仰此地慈悲道风,可到了这里来,却只看见一个粗人。"

智常禅师道:"像你这么说话,是你粗,还是我粗?"

学僧不服气地问:"什么是粗?"

智常禅师放下锄头。

学僧愣了一下又问:"什么是细?"

禅师举起锄头,作斩蛇的姿势。

学僧感到奇怪,道:"你说的粗细,叫人无法理解!"

智常禅师反问道:"先不要管什么粗细,请问你在什么地方看见我斩蛇?"

学僧毫不客气地道:"当下。"

智常禅师用训诫的口气道："你'当下'不见到自己,却来见我斩蛇做什么?"

　　学僧终有所省悟。

　　学僧是悟了,你是不是也像那个学僧一样有所启发呢?请花点儿时间去审视自己,我们处在一个正在发生巨变的大时代,各种社会元素都在飞速发展。面对自己的时候,你会发现每一天都比过去更迷惑,因为我们要面对的东西越来越多,而要抉择的东西也更繁复了。

　　当开始每一天的生活时,面对未知的人生,我们需要更多的"觉悟",更需要去认识自己,以生活为依据,从佛法中找到一点简单的真理。人活一世,必须要对自己有一种清醒的认识,才能活得明白,活得真实。

　　西方有一句谚语:如果一个人知道自己想要什么,那么整个世界都会为之让路。人这一生最难做到的就是认识自己,所以古希腊的智者在太阳神阿波罗的神庙门上留下了这样的警训:人啊,认识你自己!

　　不自知所导致的结果就是活不明白,不明白自己为什么要活着,不明白人活着有什么意义。如此活着,幸福、成功就无从谈起。

　　19世纪末,一个男孩降生于布拉格一个贫穷的犹太人家里。随着男孩一天天长大,人们发现他虽生为男儿身,却没有半点男子汉气概。他的性格十分内向、懦弱,也非常敏感多虑,总觉得周遭的一切都在对他进行压迫和威胁。渐渐地,防范和躲避的心理在他心中根深蒂固、不可救药。

　　他在惶惑痛苦中长大,整天都在察言观色。他常独自躲在角落处悄悄咀嚼受到伤害的痛苦,小心翼翼地猜度着又会有什么样的伤害落到他的身上——这样的孩子,实在太没有出息了。你能够让他去当兵,去冲锋陷阵,去做元帅吗?不可能,部队还没有开拔,他也许就已经当了逃兵;若让他去从政,依靠他的智慧、勇气和决断力,从各种纷杂势力的矛盾冲突中寻找出一种平衡妥当的解决方法，那更是可望而不可即的幻想；他也做不了律师，懦弱内向的他怎么可能在法庭上像斗鸡似的竖起雄冠来呢？做医生则会因太多的犹豫顾虑而不能果断行事，那只会使很多生命在他的犹豫延宕中遗恨终身……

如此，你能想象这个男孩后来的命运吗？这个男孩后来成了世界上最伟大的文学家，他在文学创作的领域里纵横驰骋。在这个他为自己营造的艺术王国中，在这个精神家园里，他的懦弱、悲观、消极等弱点，反倒使他对世界、生活、人生、命运有了更尖锐、敏感、深刻的认识。他以自己在生活中受到的压抑、苦闷为题材，成为现代主义文学的先驱。

他在作品中把荒诞的世界、扭曲的观念、变形的人格，重新给我们解剖了一次，使我们对现代文明这种超级怪物有了更深刻的认识，对人生和命运有了更沉重的反省。他给我们留下了许多不朽的文学巨著——《变形记》、《城堡》、《审判》……他就是卡夫卡。

卡夫卡懦弱、内向的性格，确实是一场人生悲剧。但是，性格内向、懦弱的人，他们的内心世界却很丰富，他们能敏锐地感受到别人感受不到的东西。他们是外部世界的懦夫，却是精神世界的国王。卡夫卡认识了自己，做出了正确的选择，所以他成功了。

仓央嘉措也是，在诗人和活佛之间，虽然有那么多的身不由己，但他还是根据自己的性格做出了"觉悟"——他成为了藏传佛教历史上最引人注目的一位上师。

3.人生一半在命运手里，一半在自己手里

与其他转世灵童不同，由于历史的阴差阳错，仓央嘉措并非自小被迎请入宫，因此他是在天籁中长大的。当年五世达赖圆寂，第巴·桑结嘉措作为摄政王当政，那个人上对朝廷、下对人民隐瞒了真相，秘不发丧长达15年之久，只在私下里秘密查访转世灵童。这一事件改变了仓央嘉措的人生轨迹，揭开了他悲剧命运的序幕。

虽然藏史声称两三岁时就将他隐秘地转移并教授佛法，但民间的说法则是他一直在家乡成长到14岁。其时，西藏上层统治阶级内部关系错综复杂，明争暗斗：位高权重的摄政王第巴·桑结嘉措与朝廷册封的蒙族汗王的藏蒙之间，以及蒙族人内部矛盾冲突日益白热化，局势动荡不安，正值一次政治大地震前夕。无心于政治也无心于佛身的仓央嘉措被迫参与其中，满心的厌倦与失望。

他看不到未来，一切都无从预料。心灰意冷、彷徨无倚的年轻活佛，任凭第巴好言规劝或严厉申饬，只是不思学经。他写道："用墨写下的字迹／一经雨水就洇湿了／没能写出的心迹／想擦也擦它不掉。"

仓央嘉措的眼睛和心从来不属于布达拉宫。从政治的角度说，他是一个失败者；但从心灵的角度，他是一个成功者。从一开始，他就选择了背叛，即使这种背叛极其危险。

回过头来想想我们的人生，每个人其实都一样，很多人感叹"命运对我实在太不公平了"，"要是我可以含着金汤匙出生就好了"，"要是我可

以一夜成名……"的确，命运有时候会给我们开不大不小的玩笑，但是，人的一生，一半在命运手里，还有一半由自己把握。命运时刻与我们同在，你在哪里，它也会在哪里。你不抢到它的前面，就会被它牵着走。

人们总是畏惧命运的不可抗拒，那是因为他们已经完全被命运扼住了咽喉。

打个比方：一个积德行善的人和一个作恶多端的人同样患病，善人可能只是生病而已，恶人则可能一命呜呼。从古至今，这样的故事流传的很多，且不论它是否真有其人其事，我们认为，这是有道理的。

有一位叫阿罗汉的师父，一天在禅定中知道自己疼爱的小徒弟只剩7天的生命，心想："这么乖巧的孩子怎么只剩下7天的生命了呢？真是太不幸了！不可以将真相告诉他，他小小年纪，怎么承受得了这样的打击呢？"

第二天，阿罗汉把小沙弥叫到跟前说："孩子，你有好久没有回家看望父母了，收拾行李回去和父母聚一聚吧！"

不知情的小沙弥虽然感觉到了师父的异样，但仍然高高兴兴地拜别了师父，踏上了回家的路。日子一天一天过去，过了7天，小沙弥还没有回来，虽然是断了烦恼的阿罗汉，也难免为小徒弟的不幸遭遇而怅然伤感。当他正为再也见不到徒弟而郁郁不乐时，小沙弥突然平安地回来了。

阿罗汉大为惊讶，牵着小沙弥的手上下打量地说："你怎么好好地回来了？你遇到什么事了吗？"

"没有呀！"小沙弥迷惑地摇头回答。

"你仔细想想看，有没有看到什么？做过什么？"师父追问。

"噢，我想起来了。回家的途中，我经过一个池塘，看到一团蚂蚁被困在水中，我捡了一片叶子，把它们救上了岸。"小沙弥如实地回答，乌黑的眸子散发着喜悦的光芒。

师父听了之后，再次入定观看徒弟的命运：这个孩子不但去除了夭寿之相,还有了百年的寿命。

小沙弥的一念慈悲,不但救了蚂蚁的性命,也改变了自己的命运。

佛法主张"诸法因缘而生,空无自性",讲的是世间万物因缘而生,没有根本不变的法则。对于人生来说,人的命运也不是一成不变的。人生在世,谁都会经历波折、灾难,内心都会有忧虑、恐慌,但如果善在我们心中,佛在我们心中,命运就不会抛弃我们。明白这个道理,人生就找到了一条光明大路。

有个和尚外出化斋来到一位施主家,看见对方正用杨枝漱口,并把牛黄涂在前额,头顶戴着贝壳,手拿毗勒果高高举起,然后贴在额上,态度非常恭敬。

和尚看见他这个样子,不解地问道:"你到底在干什么?"

施主得意地说:"我要扮吉相。"

"扮吉相能得到什么好处呢?"和尚追问道。

"这样就能得到巨大的功德,譬如该死的,能得以存活;被捆绑着的,能得以解脱;挨打的,能被宽恕,等等,举不胜举。"

听到施主如此无知的话,和尚笑道:"如果说扮吉相就能获得这些福利,那真不错。可是请你告诉我,这牛黄是从哪里来的?"

"牛黄是从牛的胸腔中取出的。"施主说。

"如果涂上这牛黄,就可以得到吉祥和福报,那么,牛为什么反而被人用绳子、链子穿透鼻孔,被迫去拖车,被人骑乘,而且还要忍受鞭策、饥渴和疲劳的煎熬呢?"

"牛的确是过着这样的生活。"施主点头表示同意,但他不明白这是为什么。

"牛自身拥有吉祥的牛黄,却不能解救自己所受的困苦,这又是为什么呢？"和尚见施主仍然迷惑，又进一步开解说，"牛有牛黄，尚且不能解救自己的苦痛，而你只是在额上擦些牛黄，又怎能解救自身的困境呢？"

施主听完和尚的教训，觉得有道理。

和尚又问他："这种雪白的能吹出声音的东西，到底是什么？它是从哪里来的？"

"这是从海里涌出来的贝壳。"施主回答。

和尚解释道："它显然是被海浪遗弃在陆地上，又被烈日炙晒，才窒息而死的。倘若如此，怎能说是吉相呢？你现在只是暂时戴上了贝壳，如何救得了你的不吉呢？"

施主一听，连连点头，默默不语。

和尚知道自己的话已经打动了对方，便继续说："你告诉我，世人把它看成是欢喜丸，非常重视的那个东西是什么？"

"那是毗勒果啊！"施主说。

"毗勒果是树上的果实。人要得到它时，要用石头投掷，毗勒果和树枝就会一块儿坠地。因为有果实存在，树枝和叶子才会被打落下来。"

"的确如此。"

"如此看来，你就算有了它，又有什么吉相可言呢？果实生长在树上，自身却无法守住这棵树。有人投掷要得到它，树枝和树叶同时坠落，又被做成柴薪燃烧而不能自救，怎么能保护得了人类呢？"

听了和尚一番诚恳的话，施主心头的迷惑顿时解开了。他终于明白，这世上根本没有外在的可以主宰吉凶的东西。

因此，人一定要学会做自己的主人。成功掌握在自己手中，失败也掌握在自己手中。人一生的努力，就在于用你手里所拥有的一半去获取命运所掌握的另一半。你越是努力，你所拥有的那一半就会越大，命运所能支配的那一半就会越小。所以说，自己的人生可以由自己做主。

仓央嘉措在雪地里清晰地印下了夜奔的足迹,那足迹急促而有力,人们疑惑、沉思,继而惊愕。这些蜿蜒连接着布达拉宫和小巷深处的脚印,在坦然以爱情的名义歌唱的同时,也写下了对宗教的背叛。同时告诉我们,不要敬畏命运的神秘,虽然有时它深不可测;不要惧怕命运的无常,虽然有时它来去无踪;更不要因为命运的强势而俯首,因为你的人生还有一半在自己的手里,只有另一半才在命运的手里!

4.痛苦和快乐,就像硬币的两面

根据资料记载,1697年,仓央嘉措被选定为转世灵童后,当年9月,便从门隅迎至拉萨。途中与事先约好的五世班禅罗桑益喜会晤,并拜班禅为师,发受沙弥戒。10月到达拉萨,10月25日在布达拉宫举行坐床典礼。

仓央嘉措虽然身居西藏政教首领的地位,却不能掌握政教大权。实际上,他只是桑结嘉措找来应付康熙皇帝的傀儡。

年轻的仓央嘉措在华丽的布达拉宫里整天翻阅那些枯燥无味的经典。虽然他精通佛学,却无意在佛学上有所造诣。他总想走出布达拉宫,到远离布达拉宫的群众中去。

有一天,他在一位名叫塔坚乃的引导下,化名宕桑旺波来到拉萨街头,还到雪(布达拉宫下面的居民点)的地方去。在这里,他认识了一位十分漂亮的民间少女——仁珍翁姆。这位美丽的藏族姑娘并不知道这个化名为宕桑旺波的就是藏族人民见则叩头的活菩萨;只是因为他那少年英俊、风姿翩翩的魔力,使她难以隐藏心里的爱情。对于仁珍翁姆天仙般的美貌，仓央嘉措也同样浸沉在想入非非之中。但当他猛想起数百条佛教的清规戒律时，不禁打了一个寒颤。喇嘛与女人，就像水与火一样，是绝对不能相容的。

他在一首诗里写道："接受了她的爱/我却牺牲了佛缘/若毅然入山修行/又违背了她的心愿。"

不过，他矛盾的心情很快就解决了，他最终选择了爱情。

1703年，仓央嘉措年满20岁，五世班禅特地从后藏来拉萨为他授比丘戒，但已经投入爱神怀抱的年轻达赖回绝了班禅的授戒。

经由《五世班禅自传》，我们大概可以得知结果：班禅大师祈求劝导良久，仓央嘉措沉默以对良久，然后毅然站起身来，夺门而去。他双膝下跪在日光大殿外，给大师磕了3个头，反反复复只说一句话："违背上师之命，实在感愧。"然后念念叨叨地黯然而去。

在后来的许多天里，仓央嘉措的行为不仅没有改变，甚至变本加厉：不仅拒受比丘戒，还要求大师收回此前所受的出家戒和沙弥戒。说这番话的时候，仓央嘉措痛彻肺腑："若是不能交回以前所受出家戒及沙弥戒，我将面向扎什伦布寺而自杀。二者当中，请择其一！"

这就是仓央嘉措，他的人生完全不由自己做主。即便是一个农奴，他也有逃亡的自由；即便是最底层的小僧，也有还俗的自由。而这些对仓央嘉措而言，全是奢望。他是藏传佛教第一人，他拥有的是最多的不自由。说那番话的时候，他的心在流血吧。可见，每个人都有自己的痛苦和幸福，而我们却只看到了别人的光环，看不到别人的眼泪。

所以佛说，不要常常觉得自己很不幸，世界上比我们痛苦的人还有很多。想要改变世间的事，使之令我们满意实在太难，因为世界上的事太多太多；而改变心情使自己感到快乐却很简单，因为我们的心只有一个。

一位禅师外出云游,借宿在一个老婆婆家里。一连几天,那个老婆婆都在不停地哭。禅师纳闷,问她道:"你为什么整天都在哭呢?有什么伤心事,可否容我替你讲解?"

老婆婆说:"我有两个女儿,大女儿嫁给了卖布鞋的,小女儿嫁给了卖雨伞的。天晴的时候,我就会想到小女儿的雨伞一定卖不出去,所以忍不住要伤心;下雨的时候,我又会想到大女儿,下雨天肯定没有顾客上门买布鞋,所以想想就要流泪。"

禅师说:"原来是这么回事!你这样想不对呀!"

婆婆说:"母亲为女儿担心,怎么不对?我知道担心没有用,但我就是控制不了自己!"

禅师开导她说:"为女儿担心是没有错,可是你为什么不为女儿开心呢?你想想,天晴的时候,你大女儿的布鞋店一定生意兴隆;下雨的时候,你小女儿的雨伞肯定十分畅销。你应该天天为她们开心才是,怎么会难过呢?"

老婆婆听完禅师的话,豁然开朗。此后,每当她想到自己两个女儿的时候,无论晴天雨天,她总是笑嘻嘻的。

换一个角度看问题,事情就完全变了样,人生不也是如此吗?

痛苦和快乐就像硬币的两面,痛苦在正面,快乐就会被转到反面;而当你把快乐放在正面的时候,痛苦也就离开了你的视线。消极地对待痛苦,只会让它产生更大的负面影响。因此,人在痛苦难耐时,不要总想着自己应该得到什么,而应安静下来,思考自己接下来应该怎么办。

如果每个人都能心存感激地检视那些尚在身边的一个个真实而具体的幸福,例如自己的健康、家人的安宁、生活的稳定……感谢在生活中有幸得到的一些经济保障,想想那些和自己一样命运多舛的人或许还无法得到如此厚重的馈赠,如此一来,当我们面临困境时,心火便不会那么邪旺,自然也就不会通过伤害别人来达到自己内心的平衡了。

虽然在现实生活中,大多数人终其一生都难以创造出惊人的成就,可是,只要能把独立乐观当作生命应尽的责任和义务,不被俗世观念击败,毫不退缩地去追求,积极释放自己的能量,就能找到自己的位置。有了坚持和执著,人们才能在艰难中赢得尊敬与机会,创造出自己的奇迹。

生活艰难的时候,大多数人都习惯接受外力的援助,总是期盼能有上帝或者贵人降临,帮助自己快速脱离困境;即便后来开始努力补救,但心中却充满了怨恨,觉得自己是最不幸、最倒霉的人。这样的消极心态是相当不可取的。想想更艰苦的人吧,让自己站起来的第一个动作就是擦干眼泪!

太阳每天都是新的,无论我们面对怎样的遭遇,它都会一如既往地升起来,并且带给世界新的希望与光明。如果我们的内心布满阴云,就会把心头的阳光遮蔽,这样,即使生活中再怎么柳暗花明,我们都会视而不见。所以,不管生活中境遇如何,只要能一如既往地敞开心扉,驱散心灵的阴云,让阳光穿行,黑暗便将与你绝缘,你会永远生活在快乐舒心的幸福氛围当中。

5.关上一扇门的同时,必然会有一扇窗开启

在荷兰首都阿姆斯特丹,一座15世纪的教堂废墟上有则留言:"事情是这样的,就不会是那样。"

要知道,任何事情一旦发生了,即使不如你的意,你也只能承受那样

的结果。

正如哲人所说：上帝在给你关上一扇门的同时，也必然会为你打开另一扇窗。

1702年，桑结嘉措、三大寺的堪布、拉藏汗等听说仓央嘉措向五世班禅回了之前所受的沙弥戒的消息后，都赶到扎什伦布寺劝他不要这样做，但都未能使这位决心走向浪漫生活的"活佛"有丝毫回心转意。

此后，他改名化装，常在拉萨的公园和居民中游玩，并来往于仁珍翁姆家中。与这些所谓"下流阶层"的社会人士的交往，使他的生活变得丰富了起来。在这些日子里，他写出了大量优美动人的爱情诗歌。

六世达赖究竟写了多少诗歌，至今没有确切的数字。据藏族文学家刘家驹在《康藏滇边歌谣集》的自序中讲："第六世达赖仁钦仓央嘉措，他能不顾一切，赤裸裸地写出一本情歌，刻印发行，昔不满百首，现在流行到民间的歌谣，不下几万言，不同的曲调和舞法，也有数百种。"

仓央嘉措的原作虽不满百，流传到民间，却发展成了数万言，都说是六世达赖写的，可见六世达赖的诗歌感人之深和人民群众对六世达赖之爱戴，非同一般。

失去的业已失去，耿耿于怀已无济于事，接受命运的安排是一般人不可抗拒的选择。当你陷在痛苦和不满的泥沼中时，若只会一味地沉浸于眼前的种种不快，那么即使有可行的机会造访，也会被你忽略。

传说，一位武术大师曾经以一双迅猛无敌的快腿令前来与之切磋武艺的人佩服得五体投地，用"威震武林"四个字来形容这位武学大师的腿脚功夫，实在是恰当至极。可命运弄人，在一次上山采药的时候，武学大师不小心踩空，摔下了山崖，虽然命保住了，但双腿却摔断了！

一向以腿脚功夫威震武林的武学大师此时连站立和行走都成了问题，过去迅猛无敌的快腿，此时只留下一双空空的裤管。

等到武术大师从昏迷中彻底清醒过来时，弟子们都不敢告诉他这个惨痛的消息，他们甚至不敢想象师父看到一双空裤管时会有怎样的反应。可是当大师看到一双空裤管时，他没有像弟子们想象的那样慌乱，更没有捶胸顿足地表达自己的痛苦和抱怨命运的不公。

他让弟子把自己扶起来，平静地吃了一些饭菜，然后就像过去一样坐在那里练习内功。

练习完内功，看着一脸茫然的弟子们，武术大师说道："我想说两件事：第一，以后你们谁还想练腿脚功夫，我还会像以前一样认真教导，只不过很难再亲自示范了；第二，从今天起，我要练习臂掌部的功夫，我相信自己不会因为失去双腿而变成废人，你们也不必因为师父失去双腿而放弃武学上的修炼。"

几年以后，这位武学大师以其出色的掌上功夫赢得了更多人的敬仰。当一位多年不见的老友看到他失去双腿而流泪叹息时，这位武学大师微笑着对老友说："我把过去的一切都扔掉了，所以能轻轻松松地生活、练武，可是你怎么还让几年前的痛苦扰乱久别重逢的兴致呢？"

遇到痛苦的时候，我们可以想象一下，当陪伴仓央嘉措的只有一本本厚厚的经书史籍时，那百无聊赖的生活能让人发疯，可是，有了这些经书史籍，仓央嘉措被禁锢的日子反而变得宁静、充实，他勤奋地学经读史，尽力让自己在忙碌中忘记回忆。孤灯独影，少年把悲伤埋进书页，在字里行间梳理流年，无论世间沧桑变幻、斗室静寂淡然，假如不是这段时间的苦读给他带来了文化的底蕴，单凭他的"游戏人间"也不可能给我们留下这么多脍炙人口的佳作。

纵观古今中外，李嘉诚能顶住当年的经济危机而叱咤商界，海伦·凯勒能在双目失明的情况下写出不朽的著作,罗斯福身患疾病却依然能领导一个国家……这些人,难道不是和我们一样,也曾遭遇过重大的打击吗?但他们为什么又能那么快地站起来,幸福地享受成功的果实呢?其实,道理很简单。他们都是生活的乐观者,能够在黑暗中看到光明的征兆,挺过艰难的磨练。因为豁达,因为知足,因为不向逆境屈服,所以他们崛起了!

6.没有了自我,一切的快乐都是虚伪

入主布达拉宫,坐上黄教六世达赖的宝座,对别人来说是求之不得的事情,可是对于仓央嘉措而言,却如同把一只雄鹰关在了一金色的牢笼之中。

仓央嘉措在藏王桑结嘉措的严格监督下开始学经。自由生活惯了的仓央嘉措完全坐不下来静静地学经,时时厌学出去散步。经师们尾追恳请他坐下听经,唯恐桑结嘉措追究责任。仓央嘉措常常因为经师及自己这种心惊不安的学经方式而凄然泪下,他时常用拳头猛击自己的头、擂自己的胸:"真没想到,人世间的高低贵贱、欢乐悲伤全都集中到了我一个人的头上。"

看到自己只要肯坐下听经,经师们便又是叩头又是作揖,全然忘记了自己白发苍染,更是令仓央嘉措感叹不已。仓央嘉措企盼到海阔天空中飞翔,渴望到心爱姑娘的身边徜徉,故乡的一切都令他神往……

可见，生命是否有意义，关键在于个体的自身体验。没有了自我，一切快乐都是虚伪的假象。所以，不要为了某些虚荣的东西，而把宝贵的年华和快乐舍弃。

苦乐全凭自己的判断，这和客观环境并不一定有直接关系。人要活得像人，活出一种真正人的气质来。只做自己，因为你是独特的，是世间独一无二的，你享受自己，有自己的个性、自己的思想，不断去发展自己，这样，你与任何人比都不会自卑。

一个人活着，应该是为自己而活，而不是为了迎合别人。很多时候，我们之所以不快乐、不开心，是因为太在乎周围人的眼光，为了成为别人眼里的好员工、好同事、好妻子、好丈夫……我们压抑了自己，拼命地讨好他人，却忘了我们活着不仅仅是为了他人。如果一个人太在乎别人的眼光，他就会变得畏首畏尾，没有主见。

白云守端禅师在方会禅师门下参禅，几年来一直无法开悟。方会禅师怜他迟迟找不到入手处，便在某一天借着机会，在禅寺前的广场上和白云守端禅师闲谈。

方会禅师问："你还记得你的师父是怎么开悟的吗？"

白云守端回答："我的师父是因为有一天跌了一跤才开悟的，悟道以后，他说了一首偈语：'我有明珠一颗，久被尘劳封锁，今朝尘尽光生，照破山河万朵。'"

方会禅师听完以后，大笑几声，径直而去，留下白云守端愣在当场，心想："难道我说错了吗？为什么老师嘲笑我？"白云守端始终放不下方会禅师的笑声，几日来，无心吃饭，夜里也经常会无端惊醒。他实在忍受不住，前往请求禅师明示。

方会禅师听他诉说了几日来的苦恼，意味深长地说："你看过庙前那些表演猴把戏的小丑吗？小丑使出浑身解数，只是为了博取观众一笑。我那天对你一笑,你不但不喜欢,反而不思茶饭,梦寐难安。像你对外境这么认真的人,连一个表演猴把戏的小丑都不如,如何参透无心无相的禅呢?"

每个人都会在乎别人的看法,但是,任何事物都有一个"度",如果你总让别人的看法代替自己的看法,你就要警醒了,这是个危险的信号。虽然人都是群居动物,难免有从众心理,但人生的路终究要靠自己走。如果你一味地人云亦云,被人牵着鼻子走,最后只会迷失自己,得不偿失。许多人之所以活得沉重,是因为他们背负了过多别人的评论,所以他们觉得人言可畏。俗话说众口难调,一味听信于人,便会丧失自己,做任何事都患得患失、诚惶诚恐,这种人一辈子也成不了大事。他们整天活在别人的阴影里,太在乎上司的态度,太在乎同事的眼神,太在乎周围人对自己的看法。这样的人生,还有什么快乐可言呢?

延伸阅读:

坚持自我的人最应该牢记的十条名言

勇敢的人能够坚持自我,坚定的人能够坚持自我,对未来充满信念的人能够坚持自我。坚持自我的人,他们的人生信条往往最简单,也最接近真理。

如果你想做一个坚持自我的探索者,不妨牢记下面十条箴言。它们都很朴素,没有高深的言语和华丽的辞藻,但是,朴素的道理最适合帮助勇敢的人寻找真理,它们必然能够指导你的人生。

(1)不明白明天要干什么事的人是不幸的。

人生在世,必须有所追求,才能成就自己的价值。坚持自我的人虽然深知自己的目标,但是,他们有时并不善于计划自己的生活,所以,既要知道自己未来的大目标,又要清楚明日的小目标,尽量让小目标为大目标服务。每天都过得充实,都更接近自己的理想,这样的人是幸福的。

(2)没有伟大的品格,就没有伟大的人,没有伟大的行动者。

要成为伟大的人,必然要有伟大的品格。品格决定了你行为的正义性、利他性。一个伟大的人之所以令人尊崇,就在于他在伟大品格下作出了巨大贡献。目的的纯洁、心灵的纯洁往往能够保持手段的纯洁、结果的纯洁。

(3)知之为知之,不知为不知,是知也。

一个坚持自我的人,对待事物要有客观的态度,才能避免偏听偏信、刚愎自用。知道的就说知道,不知道的就去询问。一个客观的人往往更加公正,而一个公正的人也往往更容易得到他人的信赖和尊重。

(4)那些一直把握机会充实自己的人,前途不可限量。

一个人想要成功,能力是最基本的要素。把握住每一个充实自己的机会,活到老,学到老,不断提高自己的能力和竞争力,也要不断接受新事物,适应新形势,不断激发自己的创造力,这样的人,才能立于不败之地。

(5)成功者,朋友多。

坚持自我的人,不可缺少朋友,因为朋友会给你最中肯的意见、最有力的支持,他们是你事业的助力,也是你生活的良师。善于结识朋友的人,他的路会越走越宽。坚持自我的人,如果有了朋友的帮助,他们的路途便会平坦许多,孤军奋战的压力也会在无形中减少。朋友在任何时候都是你的良伴,不能忽视。

(6)做对的事情比把事情做对重要。

坚持自我是件好事,成功者鲜有不坚持自我的。但是,要把握坚持的方向,如果方向错误,或者你要做的事会危害他人,还是提早放弃,另寻出路为妙。

做事有底线，才能成大事。

(7)世上没有绝望的处境，只有对处境绝望的人。

有志者，事竟成，破釜沉舟，百二秦关终属楚；苦心人，天不负，卧薪尝胆，三千越甲可吞吴。

不放弃希望，就仍有成功的机会。

(8)大多数人想要改造这个世界，却罕有人想改造自己。

坚持自我的人，大多有雄心壮志，如果能够审视自身的弱点和劣势，通过学习改正缺点、转化劣势，就会有更大的作为。所以，不能只看到前方的目标，偶尔也要停下来检视自身，以便更好地行进。

(9)失败是什么？没有什么，只是更走近成功一步；成功是什么？就是走过了所有通向失败的路，只剩下一条路，那就是成功的路。

面对失败，每个人都会对自己的能力产生怀疑，但，失败是成功之母，失败能够给你宝贵的经验和教训。当你不再害怕失败，成功便会对你微笑。

在失败中坚持，是成功者必备的素质。

(10)走自己的路，让别人说去吧。

别在意别人的说法，你的心愿才是最重要的。认定目标，努力前进，不要在乎旁人的非议，也不要在乎世人加在你身上的虚名，只有一心一意向目标前进的人，才是真正的成功者。

十条名言，简单却很实用。坚持自我者最需要注意的，就是不要空有伟大目标，要有计划、有步骤，善于积累知识、借助朋友的力量，还要勇敢地面对挫折和失败，正视自身的弱点，承受住压力继续前进。成功者的道路从来都不是一帆风顺的，所以，不要在乎别人的说法，你的人生，由你自己把握！

归纳自己的性格

我们不可能让一个性格暴烈的人去搞公关、谈生意或做服务工作;也不可能让一个性格怯懦、柔弱的人去搞刑侦破案;更不可能让做事大大咧咧、马马虎虎的人去当医生或会计……与自己的性格不相符的职业,带来的不是收获与快乐,而是痛苦与堕落。

既然许多人都知道这些道理,为什么还会有人入错行呢?

原因主要有两个:一是对自己不了解;二是对职业世界不了解。

一个人选择职业,就像恋爱一样,开始的时候可能会为对方或英俊潇洒或美丽袅娜的外表所迷惑,一见钟情,并很快沉醉于热恋,乃至匆匆结婚。爱情是浪漫的,婚姻却是现实的。进入现实的婚姻以后,如果对方不是出自自己内心的真正选择,那这种婚姻就很难长久地维持下去。

因此,选择职业时,最重要的是能否正确地分析自己,弄清楚自己是什么样的性格,适合从事什么样的职业。下面列举了几种性格,可以一一对号入座。当然,每个人性格中不可能完全是"纯的",也可能有两种或三种的混合,请参考这个分类,归纳自己的性格,找到自己最适合做的行业,然后努力成为本行业里的佼佼者。

刚毅型

刚毅性格是刚与毅的结合,具有这种性格的人不仅性格刚强,而且具有坚强持久的意志力。他们的优点是意志坚定、行为果断、勇猛顽强、敢于冒险,善于在逆境中顽强拼搏,阻力越大,个人的力量和智慧就越能发挥得淋漓尽致。他们办事效率高,处理问题果断泼辣。他们有魄力,敢说别人不敢说的话，敢做别人不敢做的事。遇事通常自己做主，不依赖他人，不迷信权威，喜欢独立思考、独立工作。

缺点是易于冒进、权欲重、有野心。这种人常常盛气凌人、争强好胜，喜欢争功而不能忍，为人霸道，与人共事缺乏谦让和商量，喜欢自己说了算。

具有这种性格的人目标明确，行为方式积极主动、坚决果断，故多适应开拓性或决策性的职业，如政治家、社会活动家、行政管理、群众团体组织者等，不适宜从事机械性的工作和要求细致的工作。

温顺型

温顺型性格的人逆来顺受，随波逐流，缺乏主见。不能果断，常常因优柔寡断而痛失良机。但是，这种性格的人又有性情温和柔顺、慈祥善良、亲切和蔼、不摆架子、处事平和稳重的优点，他们能够照顾到各个方面，待人仁厚忠诚，有宽容之德。

更重要的是，这种人有丰富的内心世界和敏锐的观察力，他们在文学艺术领域常常能够如鱼得水。同时，他们还擅长技能型、服务型工作，如秘书、护士、办公室职员、翻译人员、会计师、税务、社会工作者，或专家型工作，如咨询人员、幼儿教师等，不适合从事要求能作出迅速、灵活反应的工作。

固执型

固执型的人在思想、道德、饮食、衣着上往往落伍于社会潮流，有保守的倾向。他们比较谨慎，该冒险时不敢冒险，过于固执，死抱住自己认为正确的东西，不肯向对方低头，不善于变通。他们有些惰性，不够灵活，而且不善于转移注意力。

但这种人又有立场坚定、直言敢说、倔强执著的优点。他们行得端、走得正，为人正直；他们做事踏实、稳重，兴趣持久而专注；他们善于忍耐，沉默寡言，情绪不轻易外露；他们具有较强的自我克制能力。

固执性格的人擅长独立和负有职责的工作,他们长于理性思考,办事踏实稳重,兴趣持久而专注,特别适合科研、技术、财务等工作,不适合做需与人打交道、变化多端的工作。

韬略型

这种性格的人适合去做一些挑战性的工作,却不适合从事细致单调、环境过于安静的职业。这种人机智多谋而又深藏不露,思维缜密。心中城府深如丘壑,善于权变,反应也快,能够自制自律,临危而不惧,临阵而不乱。缺点是诡智多变,因而不容易控制。

有这种性格的人,他们在紧张和危险的情况下能很好地执行任务,他们适宜从事具有关键作用和推动作用的工作。典型的职业有政府官员、企业领导、行政人员、管理人员、新闻工作等。不宜选派这种人掌管财务、后勤供应等事。而且,这种人表面谦虚,实际却不会吃哑巴亏,诡计多端,会算计。他们有野心,不甘居人后,更不愿寄人篱下。

开朗型

这种人交游广阔,待人热情,生性活泼好动,出手阔绰大方,处世圆滑,能赢得各方朋友的好感和信任。他们善于揣摩人的心思而投其所好,长于与各方面的人打交道,常混迹于各种场合并能左右逢源;善于打通各方面的关节,适合做销售和公关工作。

缺点是广交朋友而不加区分,悉数收罗。对朋友常讲义气,而往往原则性不强,很难站在公正的立场上看待事情的是非曲直,不适宜做原则性强的工作。

开朗性格的人比较适宜从事商业贸易、文体、新闻、服务等职业,演艺、新闻、保险、服务以及其他同人群交往多的职业能够充分发挥出他们的性格优势。不适宜做与物打交道的技术性或操作性工作。

勇敢型

具有这种性格的人敢作敢当,富于冒险精神,意气风发,勇敢果断,有临危不惧的勇气;对自己衷心佩服的人能言听计从、忠心耿耿;适应能力强,在新的环境中能应付自如,反应迅速而灵活。

缺点是对人不对事,服人不服法,全凭性情做事。只要是自己的朋友,于己有恩,不管他犯了什么错误,都育目地给予帮助。

在警察、企业家、领导者、消防员、军人、保安、检察官、救生员、潜水员等职业领域,这种性格的人将会如鱼得水。不适宜从事服务、科研、财务等要求细致的工作。

谨慎型

你若是一个谨慎型性格的人,你一定会受到这样一些责备:你疑心太重、顾虑重重;你缺少决断,不敢承担责任;你谨小慎微,一而再、再而三地错失机会;你缺少胆量,不敢开拓创新……不错,谨慎型性格的人的确有上述缺点,但千万不要忘记,谨慎性格的人是世界上最精细、最理性的人。他们做起事来一丝不苟、小心谨慎;他们为人谦虚、思维缜密;他们讲究章法、井井有条;他们考虑问题既全面又深入……

他们适合做办公室和后勤等突变性少的工作。喜欢有规则的具体劳动和需要基本操作技能的工作,但缺乏开拓创新能力,不适宜从事要求大刀阔斧的职业。典型的职业有高级管理者、秘书、参谋、会计、银行职员、法官、统计、研究人员、行政和档案管理等。

狂放型

这种人行为狂放,桀骜不驯,自负自傲;为人豪放、豪爽,不拘小节,不阿谀奉承;常常凭借本性办事,做事冲动,好跟着感觉走,因而对很多事情都看不惯,难以在实际工作中取得卓越成就。

他们一般具有想象力强、冲动、情绪化、理想化、有创意、不重实际等性格特征。适合在需要运用感情和想象力的领域里工作,不擅长事务性的职业。

这些人喜欢表现自己的爱好和个性,喜欢根据自己的感情来作出抉择,喜欢通过自己的工作来表达自己的理想。典型职业有创造型工作,如演员、诗人、音乐家、剧作家、画家、导演、摄影师、作曲家,或者是创意型工作,如策划、设计等。最不适合他们的职业莫过于从政和经商。

沉稳型

这种人内心沉静、沉稳,沉得住气,办事不声不响,工作作风细致入微、认真勤恳,有锲而不舍的钻研精神,因此往往能成为某一个领域的专家和能手。他们感情细腻,做事小心谨慎,善于观察到别人观察不到的微小细节。他们喜欢探索和分析自己的内心世界,一般来说,性格略为孤僻,容易过分地全神贯注于自己的内心体验。

在别人看来,这类人可能显得冷漠寡言,不喜欢社交。缺点是行动不够敏捷,凡事三思而后行,容易错过生活中擦肩而过的机会。兴趣不够广泛,除自己感兴趣的事外,不大关心身边的事物。适应能力较差,虽然体验深刻,但反应速度慢,相对刻板而不灵活。

这种人喜欢按照一个机械的、别人安排好的计划和进度办事,爱好重复的、有计划的、有标准的工作,适合从事稳定的、不需与人过多交往的技能性或技术性职业。典型的职业有医生、印刷校对、装配工、工程师、播音员、出纳、机械师及教师、研究人员等。不适合做富于变化和挑战性大的工作。

耿直型

这种人胸怀坦荡,性情质朴敦厚,没有心机;情感反应比较强烈和丰富,行为方式带有浓厚的情绪色彩;富有冒险精神,反应灵敏。这类人常常被认为是喜欢生活在危险边缘寻找刺激的人。

缺点是过于坦白真诚,为人处世大大咧咧,心中藏不住事,口没遮拦,有什么说什么,显山露水,城府不深。做事常常毛手毛脚、马马虎虎、风风火火,而因直爽造成的人际关系方面的损失就更不必推算了。同时,因性情耿直、脾气暴躁、不善变通，有时会一味蛮干，不听劝阻，该说的说，不该说的也说，因此常会给自己招来麻烦。

具有这种性格的人适合从事冒险性、探索性或独立性比较强的职业，比如演员、运动员、航海、航天、科学考察、野外勘测、文学艺术等。不适宜从事政治、军事等原则性强、保密性强的职业。

第三章

爱情与人生
——在最美的时候遇见你

那一日/我闭目在经殿的香雾中/蓦然听见你诵经的真言/那一月/我摇动所有的经筒，不为超度/只为触摸你的指尖/

那一年/磕长头匍匐在山路，不为觐见/只为贴着你的温暖/那一世/转山转水转佛塔，不为修来世/只为途中与你相见……

1.众生有情,皆因心中有爱

相传仓央嘉措在入选达赖前,在家乡有一位美貌聪明的意中人,他们终日相伴,耕作放牧,青梅竹马,恩爱至深。仓央嘉措进入布达拉宫后,十分厌恶深宫内单调而刻板的黄教领袖生活,时时怀念着民间多彩的习俗,思念着美丽的情人。所以,他经常微服夜出,与情人相会,追求浪漫的爱情生活。

有一天下大雪,清早起来,铁棒喇嘛发现雪地上有人外出的脚印,便顺着脚印寻觅,最后,脚印进入了仓央嘉措的寝宫。随后,铁棒喇嘛用严刑处置了仓央嘉措的贴身喇嘛,还派人把他的情人处死了,同时采取严厉措施,把仓央嘉措关了起来。悲痛欲绝的仓央嘉措便把佛深深埋进了心底,拿起笔开始了他的诗歌创作。

> 我修习的喇嘛的脸面,
> 不能在心中显现,
> 我没修的情人的容颜,
> 却在心中明朗地映见!
>
> ——《仓央嘉措情歌》

佛真的是在心底,仓央嘉措毫不犹豫地说出了自己心中的想法。情人没有挂在嘴上修炼,但她却清清楚楚地出现在心底,在当时对密宗佛教极为推崇的西藏社会,作为最高领袖的达赖喇嘛没有丝毫畏惧,因为他不想背叛自己的心灵,他爱的是人,因为他自己也是一个人。

仓央嘉措之所以被无数人爱戴和尊敬,其中很重要的一点——他是至高无上的修行者,但他同时也是在世俗中体会佛法的人。

只要是人,就不可能没有感情,佛教称众生为"有情",就是因为"有爱"的缘故。人活在世界上,除了饮食的养分,还需要精神的滋润,而感情就是最好的精神滋润剂。因此,感情和生命可说是息息相关的。

感情虽然能带给人很多温暖,却也充满了痛苦。相爱的人,感情浓烈,如胶似漆地分不开,一旦爱过了头,或失去了爱,就变成了苦。也有人以为,只要不动情,就不会为爱所苦,这恐怕是一厢情愿的想法。既然情爱和生命息息相关,无论是否定它,或硬生生地把它切断,既不合乎佛法的因果,也不合乎人情的道理。

佛教虽然劝人学会放下万缘,不要执著感情,却不是要人无情,因为人本来就是有情众生。只要把爱情的聚散当成因缘变化来看,明白"缘散则散,缘聚则聚"的道理,爱恨便能在这一念之间转变、释怀。

2.用我心,换你心,不负如来不负卿

仓央嘉措在一首流传甚广的诗中写道:

曾虑多情损梵行,

入山又恐别倾城。

世间安得双全法,

不负如来不负卿。

人们可能奇怪,这样的诗怎么会出自一位藏传佛教著名大德之手?

事实上,他的这种特殊的显现,对世人是具有一定意义的:欲界中人,都难免有对异性的贪恋,通过他的情诗,人们被引入他的世界,由此因缘,缓缓种下解脱的善根。

自古以来,多少人赞美爱情,为之讴歌,为之伤怀。尤其在人们年轻时,会认为这是人生中最有意义的事,并对之深深向往。爱有几种,在一切有部的经典中,爱分为贪爱和敬爱。贪爱是以烦恼染污的心、以贪欲和渴望来爱一个人;敬爱是对佛菩萨、法宝、四谛与解脱道的希求和渴望。

《大般涅槃经》也说:"爱有二种。一者饿鬼爱,二者法爱。真解脱者离饿鬼爱,怜愍众生故有法爱。如是法爱即真解脱。"爱有凡夫的爱,又叫饿鬼爱,是充满欲求、永无餍足的爱;还有一种叫法爱,法爱和敬爱相同,是清净、没有烦恼染污的、通往解脱的爱,它是完全的付出,没有丝毫的占有欲,又称之为大爱。

曾有位太太对一位高僧诉苦:"爱情应该是牺牲自己,奉献他人。我丈夫虽然嘴上说爱我,却从不奉献他自己,反倒要我奉献给他。我想,既然他不爱我,那我也不要爱他了。"

为什么奉献爱情,却还有要求回报的附加条件呢?

真正的爱情应该是无私的付出,但是多半的爱情还是以占有、控制为出发点,这和人的不安全感有关。因此,要求情人对你做到全心的奉献,恐怕是很困难的事。也因如此,甜蜜的爱情往往是最痛苦的。期待、要求、希望得到对方"真心"的对待和付出,可是,这种心是"真心"吗?

有个年轻美丽的女孩,出身豪门,家产丰厚,又多才多艺,日子过得很好。到了适婚年龄,媒婆快把她家的门槛给踩烂了,但她一直不想结婚,因为她觉得自己还没遇见她真正想要嫁的那个男孩。

直到有一天，她去一个庙会散心，于万千拥挤的人群中看见了一个年轻的男人，不用多说什么，女孩就觉得那个男人是她苦苦等待的结果。可惜，庙会太挤了，她无法走到那个男人的身边，只能眼睁睁地看着男人消失在人群中。

后来的两年里，女孩四处去寻找那个男人，但这人就像蒸发了一样，消失得无影无踪。

女孩每天都向佛祖祈祷，希望能再见到那个男人。

她的诚心打动了佛祖，佛祖显灵了。

佛祖说："你想再看到那个男人吗？"

女孩说："是的！我只想再看他一眼！"

佛祖说："你要放弃你现在的一切，包括爱你的家人和幸福的生活。"

女孩说："我能放弃！"

佛祖又说："你还必须修炼五百年道行，才能见他一面。你不后悔吗？"

女孩坚定地答道："我不后悔！"

于是，女孩变成了一块大石头，躺在荒郊野外。四百多年的风吹日晒苦不堪言，但女孩觉得没什么，难受的是这四百多年都没看到一个人，看不见一点希望，这让她快崩溃了。

最后一年，一个采石队来了，看中了她的巨大，把她凿成了一块巨大的条石，运进了城里。他们正在建一座石桥，于是，女孩变成了石桥的护栏。

就在石桥建成的第一天，女孩看见了那个她等了五百年的男人！他行色匆匆，像是有什么急事，很快地从石桥上走过，当然，他不会发觉有一块石头正目不转睛地望着他。

男人又一次消失了，佛祖再次出现。

佛祖问："你满意了吗？"

女孩说:"不!为什么?为什么我只是桥的护栏?如果我被铺在桥的正中,我就能碰到他了,我就能摸他一下!"

佛祖:"你想摸他一下?那你还得再修炼五百年!"

女孩:"我愿意!"

佛祖:"你吃了这么多苦,不后悔?"

女孩:"不后悔!"

这次,女孩变成了一棵大树,立在一条人来人往的官道上,这里每天都有很多人经过,女孩每天都在近处观望,但这更难受,因为无数次满怀希望地看见一个人走来,又无数次希望破灭。

若不是有前五百年的修炼,女孩早就崩溃了!日子一天天过去,女孩的心逐渐平静下来,她知道,不到最后一天,他是不会出现的。

又是一个五百年!最后一天,女孩知道他会来,但她的心中竟然激动不起来。

来了!他来了!他还是穿着他最喜欢的白色长衫,脸还是那么俊美,女孩痴痴地望着他。这一次,他没有急匆匆地走过,因为天太热了。他注意到路边有一棵大树,那浓密的树荫很诱人,便想休息一下。

他走到大树脚下,靠着树干,微微地闭上了双眼,他睡着了。

女孩摸到他了!他就靠在她的身边!

但是,她无法告诉他这千年的相思。她只有尽力把树荫聚拢起来,为他挡住毒辣的阳光——千年的柔情啊!

男人只是小睡了一刻,因为他还有事要办。他站起身来,拍拍长衫上的灰尘,在动身的前一刻,他抬头看了看这棵大树,又微微地抚摸了一下树干,大概是为了感谢大树为他带来了清凉吧。然后,他头也不回地走了!就在他消失在她视线中的那一刻,佛祖又出现了。

佛祖:"你是不是还想做他的妻子?那你还得修炼……"

女孩平静地打断了佛祖的话:"我是很想,但是不必了。"

佛祖："哦？"

女孩："这样已经很好了，爱他，并不一定要做他的妻子。"

佛祖："哦！"

女孩："他现在的妻子也像我这样受过苦吗？"

佛祖微微地点点头。

女孩微微一笑："我也能做到的，但是不必了。"

就在这一刻，女孩发现佛祖微微地叹了一口气，或者是说，佛祖轻轻地松了一口气。

女孩有几分诧异："佛祖也有心事吗？"

佛祖的脸上绽开了一个笑容："因为这样很好，有个男孩可以少等一千年了，他为了能够看你一眼，已经修炼了两千年。"

《金刚经》中有一段话："如来说诸心，皆为非心，是名为心。""诸心"是指每一个众生的种种心理活动现象，这些都是虚妄的。从佛法的观点来看，只要有心，就都不是真心，要"心无所住"，心中无物、无心，那才是"真心"。所以说，占有心、依靠心、期待心，都不叫"真心"，而是"烦恼心"。

古人说"相敬如宾"虽是老生常谈，却是能够维系长久爱情的真正智慧。如果想避免吵架、误解，或者是想消融不断的期待、要求，在遇到诸如此类的问题时，不妨以尊重的心态，欢欢喜喜、平平静静去面对、解决，心中的纠结，其实在当下就能得到化解。

爱情里的关系，并不是互相执著、纠缠和占有，而是互相贡献、成长和学习。能够互相关怀、照顾、包容，不去彼此计较、相互猜疑，多沟通，并相互信赖，才能成为菩萨伴侣。

用我心，换你心，不负如来不负卿，仓央嘉措没有圆的梦，让我们在对他的热爱和想象中延续下去——

你若是山野柔柔的清风，我必是因你而复苏的小草；你若是天上悠游的云朵,我必是云朵里酝酿的雨珠;你若是田间清澈的溪流,我必是溪流中畅游的鱼儿;你是万物的化身,我也依然将你紧紧拥抱,只因有你有我,今生相随!

佛说:前世,你是我亲手种下的一株碗莲,别的莲都开了,只有你,直到枯萎,也没能把你清丽的容颜展现在我眼前。

我说:前生,你在我的眼睛里;今生,你在我的牵挂里;来生,你在我的血肉里。

3.青春无悔不死,永远的爱人

月有阴晴圆缺,人有悲欢离合,梁祝化蝶早已不知所踪,曾经的共舞化作风中瑟瑟的相拥;那华丽浪漫的爱情之舟也早已沉睡于冰冷的北大西洋底。很多人羡慕他们,因为生死相守才是人间永远的幸福。

而俗世中多少有始无终的爱情,让人很久很久都无法释怀。很多现代人挂在嘴边的一句话就是"我再也不相信爱情了"。一看到明星分手,或者是在爱情里闹了一点鸡毛蒜皮的小事情,就说:"你看,爱情天长地久只是一个美好的愿望罢了。这世上有多少婚姻是以爱情为基础的?又有多少爱情能走到白头?"

这实在很可悲,皆因没有控制好自己的内心。一个人心境不平和的时候,写出的东西、说出的话多半是没有多大价值的。当然,我们可以由此想到另一个问题,就是"出离心"。

问问倾心爱慕的人儿：

愿否作亲密的伴侣？

答道：除非死别，

活着永不分离！

——《仓央嘉措情歌》

这不单单是诗句，更是一个永不背弃的誓言。仓央嘉措的直白让人心碎，让人热泪盈眶，死去的爱人再也不见，仓央嘉措的心难道还活着吗？现代人那么容易的分开在这里显得多么的渺小和可悲、可笑。爱情在这个时代难道真的已经死去了吗？

而当死去的人再也见不到爱人的容颜，仓央嘉措甚至无力去看守她的坟茔，青梅竹马的姑娘就这样魂飞魄散，做个位置最高的喇嘛又如何？没有爱情的心就像一根枯木，再也没有发芽成长的时候。仓央嘉措的诗越是直白，越能表现那种割心的疼痛。

当年地藏王菩萨原可以成佛，但他见地狱里有无数受苦的魂灵，不忍离去，于是留在了地府，并立下重誓："我不入地狱，谁入地狱，地狱不空，誓不成佛！"这属于佛教的大乘。

有一部电影曾经这样诠释"爱"，说爱一个人，就是当他幸福的时候，你比他更幸福，当他痛苦的时候，你比他更痛苦……其实给别人幸福，被别人需要着，是一件能给自己带来很大满足与快乐的事情。

一天，一位先生要寄东西，问邮局的小姑娘是否有盒子出售，小姑娘拿纸盒给他看。

他摇摇头说："这太软了，不禁压，有没有木盒子？"小姑娘问："您是要寄贵重物品吧？"他连忙说："是的是的，贵重物品。"姑娘给他换了一个精致的木盒子。

他拿过那个盒子，左看右看，似乎是在测试它的舒适度，最后，他满意地朝小姑娘点了点头。接下来，他从衣袋里掏出了所谓的"贵重物品"——居然是一颗红色的、压得扁扁的塑料心！只见他拔下气嘴上的塞子，挤净里面的空气，然后憋足气，吹鼓了那颗心。

那颗心躺进盒子，大小正合适。

直到此时，小姑娘才彻底明白这位先生要邮寄的乃是一颗充足了气的塑料心。

这使小姑娘想起了古代那个砍断了竹竿子进城的蠢货，她强忍住笑说："其实您大可不必这么隆重地邮寄您的物品。我来给您称一下这颗心的重量——喏，才6.5克。您把气放掉，装进牛皮纸信封里，寄个挂号不就行了？"

那位先生惊讶地看着小姑娘，说："你是真的不懂吗？我和我的恋人天各一方，彼此忍受着难捱的相思之苦，她需要我的声音，也需要我的气息。我送给她的礼物是一缕呼吸——一缕从我的胸腔里呼出来的保真的呼吸。应该说，我寄的东西根本没有分量，这个6.5克重的塑料心和这个几百克重的木盒子，都不过是我的礼物的包装罢了。"

听完这位先生的讲述，小姑娘的脸莫名地发烫。

人世间什么才是最宝贵的呢？每个人有自己的理解。世俗之人视荣华富贵为生命，佛陀的真心佛性是他最看重的，而对于懂得真爱的人来说，一缕呼吸就是全部。

很多女人一辈子也听不够的是"我爱你"三个字，《过把瘾》里的杜梅拿刀架在方言的脖子上就是为了听他说这三个字。没错，每个女人都希望有人爱她，但是其实这些只是形式，真正的爱是很深沉的，是把爱放在心里。

这种爱，是沉静，是一种内蕴深厚、隽永深沉的爱。它没有昙花一现的惊艳,没有"山无棱,天地绝,乃敢与君绝"的壮烈誓言。这是一种真真切切、实实在在的爱,是携手一起慢慢变老、共守日落日出从容的爱。这种爱,是流泻指间清逸舒缓的琴音,涤荡浮躁的灵魂,舒展纷乱的心情,梳理出沉静平和的人生。

太热烈奔放的爱总是易于枝头凋落,而平和沉静的爱却能暗香持久,心香永恒。当火焰般燃烧的爱情化为灰烬,当爱情的潮水慢慢消去,守望在那里的,依然是一颗宽大博爱的心,包容、接受、抚慰着那颗伤痕累累的心。

当然,沉静的爱绝不是沉闷的爱。那是心灵的守望,是一种心底深处深藏的真切牵挂,似清风,如明月,美丽而不媚俗,平和而不平庸,平静却不沉闷。透过爱的清清溪水,你会看到细石粒粒,看到游鱼欢快地在溪水中游来游去。这种沉静的爱所蕴含的美丽,要一辈子用心去读,才能在平淡真实中读出鲜活和感动。

4.因缘尽时,也不必伤心

人总是希望有所得,以为拥有的东西越多,自己就会越快乐。于是,这一人之常情就迫使我们沿着追寻获取的路走下去。可是,有一天,我们忽然惊觉:我们的忧郁、无聊、困惑、无奈等一切不快乐,都和我们的要求有关,我们之所以不快乐,是我们渴望拥有的东西太多了,或者,太执著了,不知不觉,我们已经执迷于某个事物。

花开的时节已过，

松石蜂儿并未伤心。

同爱人的因缘尽时，

我也不必伤心。

——《仓央嘉措情歌》

"因缘"两个字多美！哪怕最无感的人，也要为这首诗歌遽然动容。沧海已化桑田，时光流年，你和我面目全非，纵使相逢亦不识，那颗心一直都在。我们相信缘定三生，宝玉要对黛玉说"这个妹妹我见过的"；杜丽娘为情亡，亦为情而复生；皇甫少华与孟丽君再生奇缘。忘川河、奈何桥、孟婆汤，无法剪断牵绊挚爱的那一抹精魂。今生无悔，来世更待。

佛家说随顺因缘，六道轮回，生死流转，总离不开最初栽下的那粒种子。在现实的理解上，"因缘"披着一层迷幻的面纱。何为因？何为缘？何为果？庄生晓梦迷蝴蝶，不知蝶在人梦里，还是人在蝶梦中，扯不清，理还乱，哲学的迷津、生命的奥义，层层相连，处处包裹。我们就是万丈红尘中一粒沙，迷惘着，翻转着，徘徊又向往着。

天长地久有时尽，因缘也有散去的那一天。佛家形容得好，称为灭、谢或者寂。散去的过程静默无声，如烛油燃尽，禅室灯光渐次黯淡；如秋后清凉，一树艳花悄然凋落；如鸟语喧哗，最终归于沉寂。让她高贵地隐去，该是我们对待因缘尽了的最好姿态。心头有惆怅，有离愁，却没有割舍不下的痛。

譬如说，你爱上了一个人，而他(她)却不爱你，你的世界就微缩在了对他(她)的感情上，他(她)的一举手、一投足，都能吸引你的注意力，成为你快乐和痛苦的源泉。有时候，你明明知道那不是你的，却想去强求，或可能出于盲目自信，或过于相信精诚所至、金石为开，结果不断地努力，却遭来不断的挫折。有的靠缘分，有的靠机遇，有的需要人们能以看山看水的心情来欣赏,不是自己的不强求,无法得到的就放弃。

懂得放弃才有快乐,背着包袱走路会很辛苦。

在生活中,我们时刻都在取与舍中选择,而大多数人又总是渴望着取,渴望着占有,而忽略了舍,忽略了占有的反面——放弃。懂得了放弃的真意,也就理解了"失之东隅,收之桑榆"的妙谛。静观万物,体会与世界一样博大的境界,你自然就会懂得适时地有所放弃。这正是我们获得内心平衡、获得快乐的好方法。

有位年轻男子,因为感情触礁而痛苦不堪,他说:"如果是我要离开她,可能就不会这么苦,偏偏是她要离开我,而我不想离开她,所以我就像被判了死刑一样。"

失恋的人,常常悲观地觉得生不如死:"连我最爱的人都不要我了,我还活下去做什么?"有时候甚至还会咒骂:"哼!你不要我,我本来就不想要你了。"

爱情是双向的,既然如此,如果对方不爱你,就不要苦苦追求不舍,应该知趣地离开。可是,有些人偏偏就是死心眼,非卿不娶,非君不嫁,不但为对方带来了困扰,也让自己陷入了困境。话虽这么说,毕竟人非草木,谁能无情?一般的人,仍常常为情所苦,可见,要放下感情,并不是件容易的事。

佛说:万发缘生,皆系缘分!偶然的相遇,蓦然回首,注定了彼此的一生,只为了眼光交会的刹那。诗写婵娟,词谱秋莲。喜榕树,书香氤然。香梅品尽,两处情牵。谢诗为证,曲为媒,词为缘。隐隐青竹,脉脉红莲。深深院,绮韵盈然。花前携手,秋波相牵。道眼中情,情中语,语中缘。

缘是山中高士晶莹雪,世外仙姝寂寞林。

缘是众里寻她千百度,那人却在灯火阑珊处。

缘是纵然两情相悦,仍难逃宿命之劫。

缘是无可奈何花落去,似曾相识燕归来。

晨钟暮鼓,日走云迁。怕依窗,独对钩弦。去也兰舟,远也红楼,怯深寒,罗袖轻裘。花开梦里,月隐山中。华年逝水,逐浪萍踪。若流光影,太无定,太匆匆。

缘是悲欢离合总无情,一任窗前点滴到天明。缘是无尽的思念。佛说:每个人所见所遇到的都早有安排,一切都是缘。缘起缘灭,缘聚缘散,一切都是天意。生活有时会逼迫你,让你不得不交出权力,不得不放走机遇,甚至不得不抛下爱情。你不可能什么都得到,生活中应该学会放弃。

仓央嘉措言道:"我也不必伤心。"然而,多少人不甘心、不满足、不愿意,将一把纸枷锁生生套在自己与爱人身上,知其不可为而为之,欲要强留,所能困住的,除了自己的心,还会有什么?

既然如此,不如坦然一些。有爱时凌风翩然;若离于爱,宁可让思念肆意流淌,也不要做无谓的缰索。

5.和有情人,做快乐事,别问是劫是缘

我问佛:如何遇到可以爱的人,却又怕不能把握该怎么办?

佛曰:留人间多少爱,迎浮世千重变。和有情人,做快乐事,别问是劫是缘。

相传,这是六世达赖仓央嘉措的诗《问佛》里的一句。好一个"别问是劫是缘",简单的几个字,却内涵丰富、意义深远,使他放下了千般烦

恼、万种因缘，同时也生动地体现出了什么是他一生追求的真正的"自在"。

爱情从开始的时候绝对不是一帆风顺的，也不可能是平静温暖的。如果谁说他的爱情里从来都只有美好的时光，从来都心情愉悦，从来都很理智，那么，要么他经历的不是爱情，要么他在撒谎。真的爱情是跌宕起伏的，是欲生欲死、狂热而激烈的，所以，挣扎、彷徨、左右为难、患得患失都属于正常的情绪波动。每份感情在最初都会经历这样一段历程，然后或者经过磨合走向成熟，最终开花结果，或者没有经受住这种考验，走向分手。

任何身陷在爱情里的人都会如此，没有特例。

佛说："孩子，为什么悲伤？"

女孩："我失恋了。"

佛说："哦，这很正常。如果失恋了没有悲伤，恋爱大概也没有什么味道。可是年轻人，我怎么发现你对失恋的投入甚至比对恋爱的投入还要倾心呢？"

女孩："到手的葡萄给丢了，这份遗憾，这份失落，您非个中人，怎知其中的酸楚呢？"

佛说："丢了就丢了，何不继续向前走？鲜美的葡萄还有很多。"

女孩："等待，等到海枯石烂，直到他回心转意向我走来。"

佛说："但这一天也许永远都不会到来，你最后会眼睁睁地看着他和另一个人离开。"

女孩："那我就用自杀来表示我的决心。"

佛说："但假如这样，你不但失去了你的恋人，同时还失去了你自己，你会蒙受双倍的损失。"

女孩："狠狠地伤害他，我得不到的，别人也休想得到。"

佛说:"可这只能使你离他更远,而你本来是想与他更接近的。"

女孩:"您说我该怎么办?我真的很爱他。"

佛说:"真的很爱?那你当然希望你所爱的人幸福了?"

女孩:"那是自然。"

佛说:"如果他认为离开你是幸福呢?"

女孩:"不会的,他曾经对我说,只有跟我在一起的时候他才感到幸福!"

佛说:"那是曾经,是过去,他现在已经不这样认为了。"

女孩:"这就是说,他一直在骗我?"

佛说:"不,他一直对你很忠诚。当他爱你的时候,他跟你在一起;现在他不爱你,他就离去了。世界上没有比这更大的忠诚了。如果他不再爱你,却还装着对你很有情意,甚至跟你结婚生子,那才是真正的欺骗。"

女孩:"可我为他投入的感情不是白白浪费了吗?谁来补偿我?"

佛说:"不,你的感情从来都没有浪费,根本不存在补偿的问题。因为在你付出感情的时候,他也给了你快乐,你也多了一段经历!"

女孩:"可是他现在不爱我了,我却还苦苦地爱着他,这不公平啊!"

佛说:"的确不公平,我是说你对你所爱的那个人不公平。本来爱他是你的权利,但爱不爱你是他的权利,而你却想在自己行使权利的时候剥夺别人行使权利的自由,这是何等的不公平!"

女孩:"可是您看的明明白白,现在痛苦的是我而不是他,是我在为他痛苦。"

佛说:"为他而痛苦?他的日子可能过得很好,是为你自己而痛苦吧。明明是为自己,却还打着为别人的旗号。"

女孩:"依您说,这一切倒成了我的错?"

佛说:"是的,从一开始你就犯了错。如果你能给他带来幸福,他是不会从你的生活中离开的。要知道,没有人会逃避幸福。"

女孩:"什么是幸福?难道我把我整个身心都给了他还不够吗?您知道他为什么离开我吗?仅仅因为我没有钱!"

佛说:"你也有健全的双手,为什么不去挣钱呢?"

女孩:"可他连机会都不给我,您说可恶不可恶?"

佛说:"当然可恶。好在你现在已经摆脱了这个可恶的人,你应该感到高兴,孩子。"

女孩:"高兴?怎么可能呢?不管怎么说,我是被人给抛弃了,这总叫人感到自卑。"

佛说:"不,年轻人的身上只有自豪,不可自卑。要记住,被抛弃的并非就是不好的。"

女孩:"您真会安慰人,可惜您还是不能把我从失恋的痛苦中引出来。"

佛说:"是的,我很遗憾自己没有这个能力,但可以向你推荐一位有能力的朋友。"

女孩:"谁?"

佛说:"时间。时间是人最伟大的导师,我见过无数被失恋折磨得死去活来的人,是时间帮助他们抚平了心灵的创伤,并重新为他们选择了梦中情人,最后,他们都享受到了本该属于自己的人间之乐。"

女孩:"但愿我也有这一天,可我第一步该从哪里做起呢?"

佛说:"去感谢那个抛弃你的人,为他祝福。"

女孩:"为什么?"

佛说:"因为他给了你寻找幸福的新机会。"

佛陀离去了,剩下的路要由这位失恋的女孩自己去走。

佛说:忘记并不等于从未存在,一切自在来源于选择,而不是刻意。不如放手,放下的越多,越觉得拥有的更多。经云:众生无我,苦乐随缘,宿因所构,缘尽还无,何喜之有?得失随缘。一切悲喜都由心生。当你心中有爱恨,你眼中必定是一个翻腾颠倒的世界,平静过后也并非一无所有,其实何为有、何为无?只不过是看问题的角度不同罢了。道理虽对,却很难做到,再破碎的心,再陈旧的伤口,人还是坚持不停地缝缝补补,不肯丢弃。

请试着将所有的怀疑与怨恨,将一切蒙蔽了美好本质的东西丢弃。这么做很辛苦,无异于放弃整个爱情,但渐渐地你会发现,原来只有将这段感情慢慢放下,慢慢置身事外,才能从中剥离出回忆中你所有的好,而不是用所有的不好来抹杀曾有的欢乐,就算有千般万般的苦痛,毕竟那个人曾带给你最美丽的心情。

于是,那人间绚烂的光彩重新在面前大放光华。当你心中有爱,那么光彩就是笑容;当你心中有风景,那么光彩就是美丽。随心所至,光彩来源于心中一切美好或曾经美好的事物。所以,请心甘情愿地忍受光彩被遮蔽的瞬间黑暗。

让我们相伴,看雅韵悠然。冰弦纤指,心意暗牵。绫香楼,携手双仙。最爱窗外,秋水长天。盼十年渡,百年枕,千年缘。

要知道,今生的一次邂逅,定然孕育于前世太多甜蜜或痛苦的回忆。一千一万种思绪,一点一滴都有你。即使此时你对我并无爱意,我又如何能不心存感激?

且看比翼飞燕、并蒂青莲,寄苍生,且乐怡然。应谢月老,红线得牵。促前生情,来生意,此生缘。

6.升华情爱,从红颜到白发

仓央嘉措的诗里不乏很有哲理性的爱情思想闪现,而承载这些思想的诗句,又是那样的朴素和直白。

第一不见最好,
免得神魂颠倒。
第二不熟最好,
免得相思萦绕。

这四句诗是仓央嘉措情诗的精髓。不见一个人就不会有思念的痛苦,但这已经不可能实现,好多思念着的人不是这样想的吗?早知今日,当初不认识多好啊!

但是,年轻人不懂感情的痛苦本质,以为它是人生中最美好、快乐、永恒和具有意义的,其实不然。很多人无法忍受它带来的悲伤、沮丧和绝望,最后,结束了自己的生命。

《楞严经》云:"如不断淫,必落魔道。"如果不断淫欲,即使修行,最终,也必定落入魔道之中,不可能解脱。所以,我们应该了解,不仅在现世,人们会感受它的痛苦,未来,它还会带给我们生生世世的轮回之苦。

它是心的幻象。当分别心的执著越来越严重时,本来是虚幻之法,却被视为真实不虚;本来不美,却被视为美好;本来是遗憾和缺漏的,却被视为完美;本来没有任何意义,在我们的眼里,却意义非凡。

所以，它是我们心中所现的虚假、颠倒的幻象，是我们的心念一手缔造的产物。所谓的感情，完全是心的一种幻化，而心的真实本性，犹如虚空一样，远离了一切概念。我们分别念捏造的情感，乃至整个世界都不在心的光明本性中存在。

在《老密咒士与月亮童子》中，叙述了一个密咒士和月亮童子的故事。密咒士偶遇一位年轻美女，对她的贪爱之心如熊熊烈火一般燃烧。后来，美女与人私奔，他心里的痛苦和嫉恨无以言表。此时，文殊菩萨化身为月亮童子，出现在其前，带给他无比的荫凉。

月亮童子让他了解，感情是无常的，就像春天的花朵一样，最初的甜蜜注定会腐烂变质；任何一种情感带来的只有痛苦，而非欢乐；并且，它只是自心的一种执著，而非真实。

所以，仓央嘉措注重精神世界的追求，热衷于修心。他认为，没有什么美可以抵过一颗纯净仁爱的心，作为康熙年代有名的情僧，他隐姓埋名，四处游历，在红尘辗转中活出了内心的圆满。经筒摇起，尘埃起处，不修来世，也能触到指尖的美感。

那种美，无声无息，却告诉我们，什么是大爱无言。

在释迦牟尼佛的教法中，一切密宗的教主、国王恩扎布德也是如此。当释迦牟尼佛告诉恩扎布德："国王，如果你要成佛，就要舍弃一切妙欲，勤修戒定慧三学，行持六度。"

国王回答说："赡部花园极惬意，宁可我成为狐狸，释迦佛位永不欲，愿具妙欲共解脱。"

爱的另一个作用，如佛经中所说："增上贪欲者，不知利非利。"

贪欲炽盛之人，即使是在三宝面前发的誓愿，他也会抛之脑后；世间基本的伦理道德，他也会置之不理；自己的生活规律和准则，他也会彻底改变。在爱的驱使下,有些人如梦如醉,浑浑噩噩,不辨是非,不知方向。

佛陀在《长阿含经》里说:"恩爱无常,会合有离。"但世人没有无常的观念,总觉得你原先对我很好,为什么现在变成了这样?

从前你青春红颜,为什么现在不复从前的模样?

从前新车出炉价值昂贵,现在为什么不值那么多钱了?

佛经中讲过这样一个故事:佛陀在因地时,为度化众生化身为一个嫖客。第一天,他赐予一位名妓无价之宝;第二天,他付给黄金饰品;第三天,他仅付白银。妓女不服,向国王告状。

佛陀说:"她出卖的娇躯,在一天天衰败,价值当然要一跌再跌。如同鲜花已经凋零,蜜蜂不再汇聚。人们的爱恋之情也是如此,哪一个人不是喜新厌旧?一切因缘所生法都是刹那生灭的本性。年少翩翩,会被衰老磨蚀,最终,寿命也会被死亡侵夺。万法无常,那些不知生老病死之痛苦、徒然毁坏自己肉身的愚者,所迷人的身躯,无非是筋络下一堆骨架而已。有智之人,谁不知晓贪恋女人身体的过失和愚痴?"

听了这番话,国王赞叹不已,妓女也自此终止了卖笑生涯。

著名摇滚乐歌星猫王说过:"我经历过世间的一切,到最后,一切都不过是仅此而已。"

歌星李娜出家之时也说:"该尝试的都尝试过了,我拥有过爱情,谈过恋爱,只是没有结婚生子而已。"

的确如此,人到了四五十岁时,才可能基本了解爱的真相;六七十岁时,已经非常明白了;到了八九十岁,已经彻底洞穿了它的本性。但那时,他已将离开人世。回顾人生,想起他二三十岁时,曾经那么疯狂、那么愚痴,对他年轻时的心行,他可能会深深地悔恨并呵斥。

其实，佛教并不反对正当的男女之爱、夫妻之情。只是，现在社会上一些男女青年谈恋爱，已经成了胡乱之爱——从可贵的男女之爱演变成惹事生非的乱爱，这种现象是很不好的。

有人说，情爱一场，在法国是一出喜剧，在英国是一出悲剧，在意大利则是一出歌剧；如果在美国，现在的情爱已经成为一场闹剧；而情爱如果在中国，以我从旁观察，则是一场丑剧。

为什么说现代社会的情爱是一场丑剧？大家从报纸上可以看到许多怵目惊心的报导，情爱的结果不是毁容就是伤害、毒杀，制造了很多骇人听闻的丑陋事端。看到这许多丑陋的事情发生，总不禁慨叹：唉！众生实在不懂得情爱。

所谓情爱，我们姑且不说牺牲、奉献，但在情爱里面，至少不能伤害彼此。

《战国策》里，乐毅说了句话："君子绝交，不出恶声；忠臣去国，不絜其名。"一个君子，如果与人绝交了，不会说对方的坏话；忠贞之臣离开了国家，亦不解释自己的高洁之名。同样地，有情人能成眷属，固然很好，如果不能，也要像君子一样，好聚好散，不必翻脸成仇。情感破裂时，彼此和和气气地离开，不是很好吗？何必极尽所能地去丑化、伤害那个自己曾经一度那么热爱过的人呢？

有人说，青年人谈爱情的时候，爱情是挂在嘴上，说说而已；中年人谈爱情的时候，爱情在身上、在手上；老年人谈爱情的时候，爱情放在心上，刻骨铭心。

由此可知，对爱的体会会随着年岁的增加而日趋成熟。一般说来，凡夫的情爱是从红颜到白发，从花开到花谢，比较贪恋于男女之欢。如果情爱能够随着我们人格的递增而日益提升，随着道德的长进而日臻纯净，那么凡夫的情爱也会越来越升华，从爱自己，乃至自己的父母眷属，进而爱世界人类。

7.真正的情爱,是生命的交流

读仓央嘉措的诗歌《那一世》,是生命指定的最原始的照耀。

那一日,

我闭目在经殿的香雾中,

蓦然听见你诵经的真言。

那一月,

我摇动所有的经筒,不为超度,

只为触摸你的指尖。

那一年,

磕长头匍匐在山路,不为觐见,

只为贴着你的温暖。

那一世,

转山转水转佛塔,不为修来世,

只为途中与你相见。

那一刻,

我升起风马,不为乞福,

只为守候你的到来。

那一天,

垒起玛尼堆,不为修德,

只为投下你心湖的石子。

那一夜，

听一宿梵唱，不为参悟，

只为寻找你的一丝气息。

那一瞬，

我飞羽成仙，不为长生，

只为佑你平安喜乐。

那一日，那一月，那一年，那一世……

只是，就在那一夜，

我忘却了所有，

抛却了信仰，舍弃了轮回，

只为，那曾在佛前哭泣的玫瑰，

早已失去旧日的光泽。

那么多内心的百转千回，突然被忘却，这是何等的无奈与悲伤。只为上天指定的使命。

这首藏诗像淡蓝色的澄明天空，在心间吹出微微的高原风。本是一个才情四溢的奇男子，却被世人推上转世灵童的坐席，于是，没有了爱人的权利。为佛而生的人注定要舍弃自我的小爱，用怜悯的大爱来挽救整个世界的苍生。

从好的方面讲，爱是牺牲、是奉献，爱是鼓励、是慈悲。就大众来说，人们希望被人所爱，喜欢获得别人的感情。也有一些人，他们喜欢发挥自己的爱心，去爱社会上的大众。可是，爱有时候是很容易出问题的，因为"爱"与"恨"是对难兄难弟，几乎形影不离。爱得不好，会成为恨，因为社会上一般人所讲的爱，往往仅限于男欢女爱，而不能进一步将爱扩充为民胞物与的襟抱，将爱升华为爱护一切众生的慈悲。

人间的圣贤，他们有没有感情？有没有情爱？他们的情爱跟人间凡夫的情爱是不是一样呢？

佛陀在灵山会上时，手中拿了一颗什色摩尼珠，问四方天王道："你们看一看这颗摩尼珠是什么颜色？"

四方天王看后，分别答道是青、黄、赤、白等不同的色泽。佛陀就将摩尼珠收回，舒开手掌又问道："我现在手中的这颗摩尼珠是什么颜色？"

四方天王不解佛陀心中所指，都不约而同地回答道："佛陀！您现在手中根本就没有东西，哪里有什么摩尼宝珠呢？"

佛陀对四方天王说道："我将一般世俗的珠子给你们看，你们都会分别它的颜色，但真正的宝珠在你们面前，却视而不见，这是多么颠倒呀！"

四方天王听后皆有感悟。

所谓摩尼宝珠，其实就是我们的真心佛性。世间所有的人，每天都在忙碌着，所希求的都是一些荣华富贵、珍宝古玩、过眼浮名等一些身外之物，却对最宝贵的真爱、真情熟视无睹，随意丢弃。

星云大师曾经举过几个例子，来解释人间圣贤的情爱：

佛陀的堂弟摩诃男将军，是迦毗罗卫国的守城大将。当城被敌军攻破时，他向敌军说："现在请不要杀害我的百姓，只要请你们等一下，等我沉到水底再浮起来时，你们再开始杀我的人民！"敌军的统领——凶恶的琉璃王说："反正你们难逃一死，就答应你最后一个愿望吧！"之后，摩诃男就沉到了水里，很久都没有浮上来。琉璃王很纳闷，便派部下潜到水下去看个究竟。原来摩诃男把头发绑在水底的树上，这样就永远也不会浮上来了。他为什么把自己沉溺在水中呢？是为了给城里的民众争取更多逃亡的时间。像这种为老百姓牺牲生命也在所不惜的大无畏的爱，也是一种高超的情爱。

有"佛教的孔子"之称的唐三藏玄奘大师，为了到印度去求学佛法，需经过八百里的沙漠。行经途中，马所运载的水忽然都倾倒流失了。在沙漠中，没有水，必然是死路一条。但他却甘愿忍受种种饥渴的煎熬，发出坚宏的誓愿——宁向西天一步死，不往东土一步生。这种对真理追求的热忱，也是一种可贵的情爱。

在很多佛寺的斋堂里都悬挂着一幅对联："莫嫌佛门茶饭淡，僧情不比俗情浓。"

在一般人的观念里，阿罗汉们已经抛弃了人间的感情，过着一种毁身灭智、无情无爱的生活。其实阿罗汉们绝情而有情，他们是至情至性的圣者。阿罗汉们的无情，是超越儿女私情、舍弃个人贪欲的，也唯有舍弃男女之间私情私爱的绝情，才能对一切的众生兴起广大无私的无限慈悲。

弘一大师的避见妻妾，唐朝从谏禅师的阖门拒子，看似无情，却是大有情。他们把对妻子儿女的情爱，净化为对真理的追求，提升为对芸芸众生的关爱。因此，真正的情爱不是拥有对方，而是一种生命的交流，更是一种对天下苍生的无尽奉献！

最美遇见你

第四章

忘我与人生
——谁能做到一生"无所求"

　　喜欢仓央嘉措,不仅喜欢他的诗歌,还有他字里行间透露出的真性情。这位活佛,因无法得到正常人能拥有的感情,而寄情于文字去想象,明明是个悲剧,笔下的诗却那么美;明明是出家人写的诗,却是热恋中的人最爱看的。

1.佛不排除人的真性情

仓央嘉措的情歌之所以能够如此打动人心，皆因为每个人的心底，都有一个被压抑的自己。如同名利场上的诸多成功健将，一边意气风发，一边叫苦不迭。亦舒就说过："午夜梦回，你爱怎么想都行，但人前人后，我要你装出什么都没发生的样子，你可以的，我们都可以，我们都是这样过来的……"

真的可以吗？人做事情，或是出于利益，或是出于性情。出于利益做的事情，当然不必太在乎是否愉快，因为，利益是一种强制力量，而就他们所做的事情的性质来说，利益的确比愉快更加重要。

相反，凡是出于性情做的事情，亦即仅仅为了满足心灵而做的事情，愉快是基本的标准。属于此列的不仅有读书，还包括写作、艺术创作、艺术欣赏、交友、恋爱、行善等，简言之，一切精神活动都包括在内。

如果在做这些事情时不感到愉快，我们就必须怀疑是否有利益的强制在其中起作用，使它们由性情生活蜕变成了功利行为。

仓央嘉措最大胆的一首诗是这样的：

住在布达拉宫时，
是日增仓央嘉措。
住在"雪"(山下)的时候，
是浪子宕桑旺波。
入夜去会情人，

破晓时大雪纷飞。

足迹已印在雪上，

保密还有什么用处？

单独从字面来看，这首诗确实不是特别打动人心，甚至有人说，这是他的政治敌人为破坏他的名声做的诗歌。是谁作的诗歌已经不重要了，重要的是，随便一个宕桑旺波，无论做什么都可以由他自己决定；而作为六世达赖喇嘛的仓央嘉措，无论做什么，都要面临"离经背道"的指责，都需要加倍的勇气和担当，不顾世俗见地，不忌人间毁誉。这就是仓央嘉措的可贵之处，这样的人，世俗的尘埃又怎么能污染得了他呢？

同样的故事，在佛学典籍里也有记载，最著名的要数月船禅师的故事。

月船禅师是一位善于绘画的高手，可是他每次作画前，必坚持购买者先行付款，否则决不动笔。这种作风，使社会人士颇有微词。

有一天，一位女士请月船禅师帮她作一幅画。

月船禅师问："你能付多少酬劳？"

"你要多少就付多少！"那女士回答道，"但我要你到我家去当众挥毫。"

月船禅师允诺跟着前去。原来那女士家中正在宴客，月船禅师以上好的毛笔为她作画，画成之后，拿了酬劳正想离开，那女士就对宴会上的客人说道："这位画家只知要钱，他的画虽画得很好，但心地肮脏，金钱污染了他的善美。出于这种污秽心灵的作品是不宜挂在客厅的，它只能装饰我的一条裙子。"

说着，那女士便将自己的裙子拿了出来，要月船禅师在上面作画。月船禅师问道："你出多少钱？"

女士答道："随便你要多少。"

月船开了一个特别昂贵的价格，然后依照那位女士的要求画了一幅画，画毕立即离开。

很多人怀疑，为什么只要有钱就行？受到任何侮辱都无所谓的月船禅师，心里是何想法？

原来，在月船禅师居住的地方常发生灾荒，富人不肯出钱救助穷人，因此，他建了一座仓库，贮存稻谷以供赈济之需。又因他的师父生前发愿建寺一座，但不幸其志未成便身亡，月船禅师想完成师父的心愿。当月船禅师完成其愿望后，立即抛弃画笔，退隐山林，从此不复再画。

一个不食人间烟火的禅师，走街串巷，卖画赚钱，确实有点不可思议。出家人出入尘世间，通常都是行脚化缘，没有见过专门做买卖的，所以，月船禅师的行为遭人诟病很正常。

日常生活中，你是不是也有这样的经验。在街上看见一个流浪的孩子，摸摸胸口，掏掏裤兜，又把手缩了回去——扮成乞丐骗人的太多了，还是走吧；看到路边有老人摔倒了，远远地看着，想过去又迈不开腿——躺在路边讹诈的事情听多了，还是走吧；看见广场上有人举着捐款箱，看看没人捐款——乱设捐款箱骗钱的事儿太多了，还是走吧……

其实，人心都是善的，每个人心里都有很多慈悲的愿念，只是顾忌太多，因而犹犹豫豫、畏畏缩缩，很多时候不敢想，更多的时候不敢做。其实，只要你用的是善心，行的是善事，又何必害怕恶运会降到你头上呢？

人活在世上，只要无愧于心，就没有什么事情是不可以做的。

佛不排除人的真性情，好比玄奘法师在佛影窟求佛影，拜了一百多下，仍不见佛影，忍不住嚎啕大哭。按俗人的理解，那么一代高僧，应万事波澜不惊才是好修行。可实际并不是这样，佛心令人动容之处在于慈悲和宽容，在于那种波澜不惊的宏大。而那些类似仓央嘉措、玄奘法师的高僧，他们只要无悔于心，就没有什么事情是不能做的。

2.与"另一个自己"相处和谐

佛说,真实,不在这个世界的某一个地方,而是在于我们和"另一个自己"是否相处和谐。

如果幻觉给予的,是为眼前现实提供一块紫罗兰色丝绒布,用以覆盖、遮挡、掩饰、伪装,那么当失去这块薄布,没有屏蔽保障,一切赤裸裸双目清明,你将会看到"另一个自己"。

仓央嘉措没有戴上面具,将自己神圣化和神秘化。他用直白的句子告诉人们,活佛本身也不过是一个人,与你我无异。从小亲近佛法并不意味着世间的美好就不对人柔弱的心灵构成诱惑。

他明确表示,对一切政治争斗不感兴趣;他明确表示,自己只想做一个平凡男子。但是,客观规律从不提供假定,哪怕只是一个信手拈来的玩笑。他早已认清自我终结的手段极为困难,与之相反,苟且偷生的方式更轻省些。

于是,他用诗歌来完成自己的愿望,他试图穿越现实规则的决心必须经受考验,某种力量对此做了界定。你,不能轻易做到这件事情;你,要撤销所有平衡杆以及幻术;你,要接受真正的无依无靠;你,要拿出跃入深渊以肉身刺破黑暗的勇气,这勇气与生命方向相背离,这样的背叛要受到警示。

但是他做出了选择,选择用最惊世骇俗的诗歌,把自己变成世间最美的情郎,用梦一般绚丽的构想,将浪漫唯美发挥到极致。同时,他也终于在诗歌中沉淀下来,与内心真实的自己相处和谐。

青源惟信禅师讲到自己修佛悟道的历程时说："老僧三十年前来参禅时，见山是山，见水是水；及至后来亲见知识，有个入处，见山不是山，见水不是水；而今得个体歇处，依然见山还是山，见水还是水。"

这句话对普通人来说，也许玄妙了些，下面这个故事有助于你来理解它。

《倚天屠龙记》中有这样一段情节：张三丰向张无忌传授一套太极剑法，一路剑法使完，竟无一人喝彩，众人尽皆诧异："这等慢吞吞、软绵绵的剑法，如何用来对敌过招？"还以为是张真人有意放慢了招式，好让张无忌瞧个明白。

只听张三丰问道："孩儿，你看清楚了没有？"

张无忌答道："看清楚了。"

张三丰道："都记得了没有？"

张无忌答道："已忘记了一小半。"

张三丰道："好，那也难为你了。你自己去想想吧。"

张无忌低头默想。

过了一会儿，张三丰问道："现下怎样了？"

张无忌道："已忘了一大半。"

周颠等人皆急："刚学的剑法都忘了一大半，这可如何迎敌？"便请张三丰重新传授一遍。张三丰微笑，又使了一遍相同的剑法。

张无忌沉思一会儿，睁开眼："我已忘得干干净净。"

众人皆惊，惟张三丰独喜："忘得真快！"

随即，张无忌拿剑迎敌，大胜。

张无忌学太极剑法，不记招式，只是细看剑招中"神在剑先，绵绵不绝"之意。看完一路剑法，已忘记了一小半；低头默想之后，已忘记了一大半;再看张三丰演练一遍,再经沉思玩味,终于忘得干干净净。当全部忘记之时,也就是学成之时。由记得转化为有如本能一般,终能不受原来招式所限,随意出招,自成章法。

当然,张无忌是武侠小说中的人物,是虚拟出来的。普通人没有他那样的悟性,但无论是学武、悟道还是做人,其本质和境界都有着潜在的相似点,都要经历一个从清醒到迷惑,再从迷惑到清醒的过程。

人生也是一样。一个人刚开始接触这个世界的时候,觉得一切都是新鲜的,别人告诉你眼前的叫作水,你就认识了水,告诉你远处的是山,你就认识了山。你会心想"原来如此",以为眼睛看到的就是真理。因为了解得太肤浅,所以是"看山是山,看水是水"的境界。

随着年龄渐长,人在经历过无数的问题和挫折之后,开始逐渐了解到人生的深意,于是不再有刚开始的心态,而开始小心谨慎。这个时候,看山也感慨,看水也叹息。山自然不再是单纯的山,水自然不再是单纯的水。我们开始分析哪座山更秀,哪片水最清。一个人倘若停留在人生的这一阶段,会徒增许多烦恼。他会这山望着那山高,争强好胜,永无休止和满足的一天。

大多数人到了第二重境界就走到了人生的终点。追求一生,却始终无法达到自己的理想,于是抱恨终生。但是,有些人通过修行,终于把自己提升到了第三重境界——返璞归真,看山还是山,看水还是水。

到了这个阶段,人便会专心致志地做自己应该做的事情,不与旁人有任何计较,无求无欲,与世无争,面对世俗之事,一笑置之,也就是与"另一个自己"和谐相处,相信手中意志来源正当,支撑坚定。不管身处如何卑微的处境,即便随时可能坠入深渊,心也总能跨越障碍,走向前方。

如果仓央嘉措还在世,他一定会说,这个世界没有佛,如果有,便是我:披散了蓬乱的头发,斜搭着无扣的衣裳,我站上群峰之颠,擒住白云。

3.始终是种顿悟

仓央嘉措曾经写道——

一个人需要隐藏多少秘密，

才能巧妙地度过一生？

这佛光闪闪的高原，

三步两步便是天堂，

却仍有那么多人，

因心事过重，

而走不动。

是啊，参禅始终是一种领悟，其间山山水水的往复，大约便是弃离俗世前必经的苦难。而被佛称之为万丈红尘的地方，却始终有一种美艳的光彩，摇弋在凡夫俗子间，让人又爱又恨，且悲且喜。

所以，我们在西藏的土地上行走观望自己逐渐波澜不惊的灵魂。这里是世界的终极之地，这里是雪域佛国，这里有圣土淳民，这里有的是我们泪水的依归。肃穆的皑皑雪山，圣洁的粼粼碧水，回荡在天地间的法号声，沁人心脾的桑烟香，醇厚的青稞酒……西藏，一直活在很多人心中最圣洁的地方。

但是，当你远离繁华，在边疆漫山遍野的空寂里体会存在的意义，你会发现，得与失永远是那么难以辨认，难以区分。

在那里,你常常要深呼吸,因为那里氧气稀薄,那大概是人类生存的一种边缘,一种生存需要的临界点。恰恰是这样一个最不适合生存的地方,却更能让人感悟到生存的意义。世界很大很奇怪,让人无话可说。

大部分的时候,你的语气沉稳豁达,你的笑声爽朗明净,可是当你说起死亡时,那沉重感让人窒息。你说你曾经看见一个男子被一场感冒夺去了年轻的生命,谁能想到在平原上根本就微不足道的感冒,在高原却是这样的致命危险;你说前几天才见过面的人,甚至欢声笑语还没散尽,便已魂归苍天,这公平吗?就是这样一个地方,死亡是那么容易降临,也许擦肩而过,也许就面对面地坐着。

我们无法把内心随身体同时安于此时此地。我们吃饭时想着工作,工作时想着跳槽,恋爱时渴望自由,分手了又害怕孤独。我们连自己的事都理不顺,却还操心别人的事;连自己的心都控制不了,却还总是揣测别人的心。

一味地忙于谋生而忘了生命的本原固然可悲,但一心想着摆脱尘劳却又无法摆脱,而生出种种烦恼,同样可悲。其实,即使是佛陀,也无法摆脱日常生活,比如吃饭、睡觉。

真正的安静,真正的快乐,只有我们的内心才能带来。即使我们终将为了利益,为了那些琐事而日夜奔波,但至少,心灵的力量可以让我们更加警醒和快乐。

宗喀巴大师曾说,对佛的教义,如果只靠信仰而相信,而不从逻辑上加以证明,那是对佛法正确性的根本否定。"没有从理论上理解的任何观点,都像插在泥巴里的木橛,站不稳脚。不达到精细入微的程度,不能轻易知足。一定要正信不惑。"

在这方面,仓央嘉措无疑是一个最好的例子。他在经历了最荒唐的世俗体验和最为剧烈的从法王到囚徒的人间宠辱之后,获得了最为笃定的宗教虔诚。

真爱才会真痛,真痛才会真悟。成佛从来都是一个过程,而不是一蹴而就。有时候,迷途知返反而是一种得道的捷径。

实际上,佛教的一些戒律也不能生搬硬套,比如不食肉这一戒律,在藏传佛教中就无法施行,因为如果不食肉,处于牧区的喇嘛必将饿死,还有谁能布道传法呢?再比如,在佛祖释迦牟尼时代,僧人开始说法前,都有洗足的习惯,久而久之,就成了一条规矩。那是因为古印度的僧人要光脚随众乞食,脚板沾满泥,所以在学佛前必须洗掉。如果到了中国,僧人们有鞋有袜,还有必要遵守这一规矩吗?

所以,对佛教戒律,最重要的是了解其精神,而不是死板地模仿形式,否则,戒律就失去了其本来的意义。

在西藏,有一首民谣也是同样的意思:用污水洗你的衣裳,一千回也洗不干净;投沙尘于雪山之上,无损于它的银辉。

4.佛与世人没有什么两样

仓央嘉措被废黜之后的命运可谓扑朔迷离。官方报告称在押解赴京途中病死,不过,最新的考证越来越倾向于他其实并未病死。由于仓央嘉措作为达赖喇嘛的转世在藏区仍然深得人心,当时的西藏地方统治者和北京的清廷谁也不知道究竟应该怎么处置这样一位退位的达赖喇嘛——他们既不能冒加害于他的风险,也不能继续给他活佛的礼遇。

最后,受到康熙皇帝训斥的押解人员想出了一个万全之策,请求仓央嘉措自遁而去。自此,仓央嘉措看破红尘,云游四方,苦心修行,最后在阿拉善一带落脚弘法。而他自己也在走下佛坛之后真正悟道,成为了一位真正的高僧大德。

传说自他消失的那天开始蔓延。人们似乎对逝去的美丽更加感兴趣,他们对仓央嘉措一生可怜的悲剧命运怀着极大的同情,并将现在流传着的仓央嘉措诗歌的版本,翻译成各种不同的语言。

其中,情诗的比例占的并不算多,更多的是对佛祖的虔诚,对世事的顿悟。仓央嘉措,他,果然还是佛陀的子弟。

比如《问佛》中有一句:"我问佛:如何才能如你般睿智?佛曰:佛是过来人,人是未来佛。"

诗中只有短短一问一答,却把人与佛的差别道得清清楚楚、明明白白。

是人,还是佛,仅在一念之间。

看破,人就是佛;执著,佛便是人。何为佛?也就是说,佛和人到底有什么不一样?其实,佛就是人,只不过佛是大彻大悟了的人。佛在藏文中是"桑结","桑"的意思是觉醒,"结"就是开花。

藏传佛教认为,活佛像常人一样以死亡示人,就是要通过这一形式,告诉众人佛与世人没什么两样,发愿在世间经历轮回的活佛只不过是众生的榜样,众人均可成佛。

佛光禅师有一次见到克契和尚,问道:"你自从来此学禅,好像岁月匆匆,已有十二个秋冬,你怎么从不向我问道呢?"

克契和尚答道:"老禅师每日都很忙,学僧实在不敢打扰。"

时光荏苒,一晃又是三年。一天,佛光禅师在路上又遇到克契和尚,问道:"你在参禅修道上有什么问题吗?怎么不来问我呢?"

克契和尚回答道:"老禅师很忙,学僧不敢随便和您讲话!"

又过了一年,一天,克契和尚刚好经过佛光禅师禅房外面,禅师便对克契喊道:"你给我过来,我今天有空,到我的禅室谈谈禅道。"

克契赶快合掌作礼道:"老禅师很忙,我怎敢随便浪费您老的时间呢?"

佛光禅师知道克契过分谦虚,不敢直下承担,再怎样参禅,也不能开悟,所以又一次遇到克契的时候,佛光禅师问道:"学道坐禅,要不断参究,你为何老是不来问我呢?"

克契仍然说道:"老禅师,您很忙,学僧不便打扰!"

佛光禅师当下大声喝道:"忙!忙!为谁在忙呢?我也可以为你忙呀!"

佛光禅师一句"我也可以为你忙"的话,打入了克契和尚的心中,克契言下有所悟。

其实,每个人都或多或少有这样的积习,自觉不自觉地就给自己贴上了标签:以我的身份、地位,就应当这样……这叫画地自限。天地之间如此广阔,你为什么非要把自己圈在一席之地呢?

世界上本来就没有非怎样不可的事情,世界上最好的东西,给谁都不算过分;世界上最差的东西,给谁都别觉得委屈。心怀广大,自然不会有烦恼!

孔子有个学生名叫冉求,是个多才多艺、很有才能的人。孔子曾说:"冉求这孩子,拥有千户人口的小县城,可以叫他去当个县长;掌握着庞大军队的大夫封地,可以叫他去当个总管。"冉求拜孔子为师,但对孔子的学说并没有学到家。有一次,冉求对孔子说:"不是我不喜欢您的学说,是我的能力不够,学不了。"孔子则一针见血地给他指出:"如果真是能力不够,走到半道就再也走不动了,而现在你却是在原地自己画上界线,不肯向前走。"

人们常说难得糊涂。忘掉一切，包括身份、学问、财富、年龄甚至性别，都忘了最好，这个时候，你才能完全地投入生活，才能放得开，活得洒脱。

5.拥有一颗真性情之心

人本心理学家从"自我实现"的角度来描述健康完善的人格，马斯洛认为，自我实现就是一个人力求变成他能变成的样子，即"成为你自己"。他说："一位作曲家必须作曲，一位画家必须作画，一位诗人必须写诗，否则他始终无法安静。一个人能够成为什么，他就必须成为什么，他必须忠实于自己的本性。"

释迦牟尼也是一个自我实现者。生于迦毗罗卫国王室之家的释迦牟尼，如果听任"命运"的安排，他无疑将成为一国君主。他是王室中唯一的王子，父亲净饭王也期望他将来能继承王位，把国家建设得更强大，甚至统一这个世界，做一个众望所归的"转轮圣王"。然而，释迦牟尼对这种政治伟业并不感兴趣，他关注的是生、老、病、死这些人生不可逃避之苦，以及消除这些痛苦的解脱之道。悟得宇宙之真理、摆脱生死轮回是他最大的心愿。虽然父志难违，虽然释迦牟尼也不想令父亲伤心，但他还是选择了出家，在一个夜深人静的晚上，由忠实的仆人陪伴，他骑上马，逃出王宫，告别了他熟悉的土地，向那陌生的原野走去。

至此，释迦牟尼还算不上成为了真实的自我，他只是完成了其中的第一步。走出上一辈的期待，毅然选择自己的人生之路，是个人成长的开始。这之后的深山断发、排除诱惑、参仙访道、山林苦修，直至最后于菩提树下的觉悟，释迦牟尼一步一步地实现了觉悟真理的强大心愿。觉悟之路，也是释迦牟尼个人成长的历程；最终的觉悟，也意味着他修得了至善至美的人格，成为了自我实现者。

也就是说，自我实现者是："更真实地成了他自己，更完善地实现了他的潜能，更接近于他的存在核心，成了更完善的人。"

当一个人成为了自己力所能及高度的人，"人将成为目的本身，成为'神'，成为一种完美、一个本质、一种存在"。

如何才算得上成为真实的自己呢？如果按照个人的出身、外界的要求去发展自我，就算不上"成为自己"，那是成为了外界的期待，成为了他人眼中的自己。成为真实的自己，应该是一种完成自己全部心愿的状态。在这个过程里，是不需要坚持或努力的，如果一个人心愿的力量足够强大，他自然就能排除外界的一切干扰。一个人的自我实现，其实可以叫作这个人心愿的自我实现。只有当一个人成为了自己，他的心灵才能得到安宁。

人们怕老，怕自己冰冷的双鬓，害怕人生的末路。人们害怕生之苦痛，死之绝望。老之将至，人们该有多少实现的和还未实现的人生欲望啊！但若你拥有一颗真性情之心，就会拒绝欲望蚀骨虐心，无论生死，都能淡定从容。

有一位哲学家说过："有钱有地位，那叫活出样来，是低档次的；而注重人生的真性情，那叫活出味来，是高档次的。"若你能既活出样来又活出味来，那你就是人生的高手。在特殊时代的大背景下，财富和功名，需要的时候，不妨去追逐，你乐意去做，并感到快乐，没人会拦着你。但不要受制于财富与功名的羁绊，要能进能退，收放自如，不要像木偶一样，没有自我,最后在悲剧的剧情里一落千丈。

事实是,人第一要追求的是真性情,是做有味之事,优秀的人生包括丰富的心灵和高贵的灵魂。当你具备真性情的时候,你才有能力和智慧直面人生的成功或者不成功,哪怕生死。

周国平说过:"爱情要的是相爱时的陶醉和满足,而不是最后的结婚;创作也是为了陶醉和满足,而不是成名成家,名扬四海。"同样的道理,如果你拼了性命地追求功名与财富,却过得非常痛苦,那你就已经受制了,没有自我,那就不是真性情。

6.佛法是一种活法

佛法是种活法,人应该通过佛法活着。佛相信众生都拥有成佛的潜力和能力,并引导和帮助众生,让他们过上幸福、快乐、有尊严的生活。

很多人把佛当作神,把佛法神化,把自己的生活和佛法分开,所以活得累。其实,心累才是真正的累,心苦才是真正的苦。

佛法认为,万事万物皆因缘而生,因缘而灭,这就是所谓的缘起。"缘起"是佛教的根本教理,也是佛教异于其他宗教、哲学、思想的最大特性。《楞严经疏》说:"圣教自浅至深,说一切法,不出因缘二字。"

京都的清晨,天将亮未亮,在西本愿寺的本堂阶下跪着一位年约40的乞丐。天亮后,西本愿寺的大门开启,乞丐静静地合掌念佛,直到早课结束。

白天，他在西六条的新町乞食，每当有人施舍食物给他时，他便面露和颜地连说："因缘！因缘！"即使不给任何东西，他也如此说，毫无愠色。偶有顽童，群集在他四周，或扔石头，或用木棍打他，甚至将他穿着的草袋撕破，他也只是说："因缘！因缘！"对此遭遇不以为意。因此，街上的人都称他为"因缘乞丐"。

到了晚上，因缘乞丐就在别人的屋檐下过夜。

有一年正月的某个晚上，寒风刺骨。有一个叫近江屋的商人喝醉酒回家，途中因内急，没注意到屋檐下的乞丐蜷卧着，竟就地对他小解，尿了乞丐一头一脸。乞丐醒来，喃喃说道："因缘！因缘！"同时跪行接近。

近江屋大吃一惊，不停地道歉，乞丐一副不敢当的样子说："哪里！哪里！是我睡错地方惊吓了你，这也是因缘。你如此向我道歉，倒使我不安。"近江屋深为感动，当面向他许诺说："如果在我有生之年你就死了，我一定给你厚葬。"

两个月之后，因缘乞丐死在了一户人家的屋檐下，状极安详。近江屋信守诺言，提出申请，把乞丐的尸体领回家，雇人为他沐浴入殓，为他举行了隆重的葬礼，并在七条的火葬场火化。第二天早晨，近江屋因事未到火葬场领取骨灰，火葬场派人来通知，近江屋便请他们代为处理，来人声称没有关系，但不停地啧啧称奇，说他火化过数千人，却从未见过如此不可思议之事。近江屋好奇之余，急忙赶往火葬场看个究竟，原来乞丐的遗骨全火化成了如水晶般透明的紫色舍利子。近江屋惊佩不已，厚供了这些舍利子。

后人曾借和歌"草袋"来赞叹因缘乞丐。歌云："虽着草袋心非乞，纯美犹胜冬牡丹。"

经云"一切法因缘生"，是说世间万物皆有缘起。但是，缘起并不是佛陀所创造或制定的，而是宇宙人生本质的、必然的、普遍的法则，佛陀只是发现了这个自然的法则而证悟成佛，然后将这个证悟的道理告诉我们：世间的一切诸法，都是"因"、"缘"所生起，透过因缘和合，才有一切现象，才有一切法的生起。例如：一粒种子撒在泥土里，必须施肥、浇水，以及有充足的空气、阳光，才能长成一棵大树。其中，种子是"因"，泥土、阳光、空气等为"缘"，这些因缘都具足了，才有长成大树的"果"。

佛法尊因缘，同时也劝导世人要随缘。随缘不是简单地看开，而是看得透，是要我们遵循宇宙间固有的法则。

从前有个书生，和未婚妻约好在某年某月某日结婚，可是等到约定的那天，未婚妻却嫁给了别人。书生从此一病不起，家人遍访远近名医都无济于事，一个精神抖擞的小伙子就这样变成了一个奄奄一息的人。

一名云游的僧人路过此地，得知情况，决定度一下着魔的书生。僧人来到书生床前，从怀里摸出一面镜子叫书生看。

书生看到一片茫茫大海，海滩上，一具女尸一丝不挂地躺着。这时，远远地走过来一个路人看了一眼，摇摇头，走了。不久，又来了一个过路的，他把身上的衣服脱了下来，盖在女子的身上，然后也走了。之后是又一个过路的人，他走到女子身边，挖了个坑，小心翼翼把尸体掩埋了。最后，画面切换，书生看到自己的未婚妻在洞房花烛夜被她丈夫掀起盖头的瞬间……

书生大惑不解，僧人解释道："那具海滩上的女尸，就是你未婚妻的前世。你是那第二个路过的人，曾给她披过一件衣服。她今生和你相恋，只为还你一个情，但她最终要报答一生一世的人，是最后那个把她掩埋的人，那人就是他现在的丈夫。"书生大悟，终于病愈！

缘分就像故事中的女子，就躺在那里，而芸芸众生就是那三个路人：第一个路人什么也没有做，是无缘之人，错过了；第二个路人盖了一件衣服,以免姑娘暴尸于世,算是尽了道义,是有缘人,做到了;第三个路人把姑娘安葬,可谓用心良苦,这叫帮人帮到底,送佛送到西,是懂得惜缘的人,所以他成功了。

佛法讲因缘,认为事物的产生都是"当然"的,是由因而后才得的果。既然我们无从避免它的发生,不妨以一种"随缘"的人生态度来面对,因为很多时候,生活的态度决定了我们的生活方式。

生活中有很多的人和事,"是你的想逃也逃不了,不是你的想得也得不到",这就叫缘,看不见也摸不着。面对缘分,不要去寻找,也不必去苦恼,缘来时惜缘,缘去时随缘,一切顺其自然就好。

俗话说:"天下没有不散的宴席。"缘来时把酒聚首,缘去时分道扬镳。所以,我们既不必为眼前的欢愉而得意忘形,也不必为失去的美好而遗憾懊恼。书生和自己的未婚妻相识相恋,因为前世他遇见她时为她披了一件衣服,但终究还是劳燕分飞,就是因为缘分太浅。所谓"十年修得同船渡,百年修得共枕眠",缘也有深浅。有的人一生只有一面之缘,有的人却能相伴终生。书生因为失恋而抑郁成疾,就是因为不明白这个道理,太过执著。

经云:"众生无我,苦乐随缘。"人生在世都要追求幸福、快乐,其实你所需要的都在你的心里,追求是追求不来的,越追越追不上,越求越得不到。人活着应该顺其自然,一切随缘。来也自然,去也自然,一切自然。正是因为我们追求得太多、太执著,生活中才会有那么多的不如意、不顺利。所以,人必须知足,一切都要看缘分,缘有来去,只能随缘,不能攀缘。顺境要安心、自在,逆境还是要安心、自在。苦乐随缘,心无增减,顺其自然,就没有烦恼。

很多人把随缘当作不作为、听天命的借口,所以,很多时候,人们把随缘看作一种消极的人生态度。其实,随缘不是要人消极认命、放弃追求、逃避现实,恰恰相反,随缘是一种正视现实的人生态度,是要人们以一种乐观、豁达的态度去看待人生、面对生活，不执著，不强求，不抱怨，不逃避，认认真真地活在当下。"行到水穷处，坐看云起时"，懂得随缘的人，最懂得享受生活。

7.真正的"无所求"

仓央嘉措之所以被无数人爱戴和尊敬，其中很重要的一点，是因为他是一个说真话的活佛，是一个敢于袒露自己心怀的活佛，也是一个勇于承认自己曾经"心猿意马"的活佛。

这个孩子，他本是乡间名不见经传的平凡少年，却阴差阳错地成为了世人敬仰的六世达赖喇嘛，端居于神圣的庙堂之上，接受万众虔诚的膜拜，用一颗悲悯生灵的佛心，广布恩泽。而他，其实并不愿斩却尘缘，于是，他有了这样的诗歌——

黄边黑心的乌云，
是产生霜雹的根本。
非僧非俗的出家人，
是圣教佛法的祸根。

在仓央嘉措眼里，连佛祖都没有，哪还会有什么名利。这才是真正的无所求。

有一位高僧，他是一座大寺庙的住持，因年事已高，所以想找个合适的接班人。

一日，他将两个得意弟子叫到面前，这两个弟子一个叫慧明，一个叫尘元。高僧对他们说："你们俩谁能凭自己的力量，从寺院后面悬崖的下面攀爬上来，谁就会成为我的接班人。"

于是，慧明和尘元一同来到悬崖下，那真是一面令人望而生畏的悬崖，崖壁极其险峻、陡峭。身体健壮的慧明信心百倍地开始攀爬，但是没爬多高，他就从上面滑了下来。慧明爬起来重新开始，尽管他这一次小心翼翼，但还是从悬崖上面滚落到了原地。慧明稍事休息后又开始攀爬，尽管摔得鼻青脸肿，但他还是没有放弃。

让人遗憾的是，慧明屡爬屡摔，最后一次，他拼尽全身之力，爬到一半时，因气力已尽，又无处歇息，重重地摔到了一块大石头上，当场昏了过去。高僧不得不让几个僧人用绳索将他救回去。

接下来轮到尘元了。他一开始也和慧明一样，竭尽全力地向崖顶攀爬，结果也屡爬屡摔。尘元紧握绳索站在一块山石上面，他打算再试一次。但当他不经意地向下看了一眼以后，他突然放下用来攀上崖顶的绳索，整了整衣衫，拍了拍身上的泥土，扭头向着山下走去。

旁观的僧众都十分不解，难道尘元就这么轻易地放弃了？大家对此议论纷纷，只有高僧默然无语地看着尘元的去向。

尘元到了山下，沿着一条小溪流顺水而上，穿过树林，越过山谷……最后没费什么力气就到达了崖顶。

当尘元重新站到高僧面前时，众人还以为高僧会痛骂他贪生怕死、胆小怯弱，甚至会将他逐出寺门。谁知高僧却微笑着宣布将尘元定为新一任住持。众僧皆面面相觑，不知所以。

尘元向其他人解释："寺后悬崖是人力无法攀登上去的，但是只要于山腰处低头看，便可见一条上山之路。师父经常对我们说'明者因境而变，智者随情而行'，就是教导我们要知伸缩退变啊！"

高僧满意地点了点头说："若为名利所诱，心中则只有面前的悬崖绝壁。天不设牢，人却自在心中建牢。在名利牢笼之内，徒劳苦争，轻者苦恼伤心，重者伤身损肢，极重者粉身碎骨。"

然后，高僧将衣钵锡杖传交给了尘元，并语重心长地对大家说："攀爬悬崖，意在勘验你们的心境，能不入名利牢笼，心中无碍，顺天而行者，便是我中意之人。"

生命的最高境界，应该是无争、无价、安宁、幸福。财色与名利只不过是人生的泡沫与尘灰，何必抵死相争？然而，凡尘俗世很多人都想不通这一点，他们抓住任何一丝机会争名夺利，而且贪心不足，到头来却是一场空。

曾经有个流浪街头的乞丐，每当晚上躺在窑洞的茅草上，他就会想：如果哪一天我能有2万元的钞票就好了。

这一天，他清早起来，无意中发现了一只很可爱的小狗。他看四下无人，便把狗抱回窑洞，圈了起来。然后，他悠闲地来到街上乞讨，却听见周围的人正在谈论着那只小狗。

原来那只狗非同一般，它是一只进口的外国名犬，它的主人是本市大名鼎鼎的富翁。当地电视台已经播发了一则寻狗启事：如有拾到者，请速还，酬金2万元。

乞丐得到这个消息，想着自己发财的机会终于来了。他急忙跑回窑洞，抱起小狗，向电视台走去，他已经想好要怎么花这笔钱了。

可是，快到电视台的时候，从临街商店里的电视上，乞丐意外地发现，那则启事上的酬金变成了3万。原由是那位大富翁寻狗不着，心里一着急，增加了酬金，希望人们能更积极地帮他找狗。

看到这则消息，乞丐顿时瞪大了双眼，脚步也停了下来。他想了想，又转身将狗抱回窑洞，重新圈了起来。

乞丐已经没有心思去乞讨吃的了，他一整天都在街上的商店前等着看电视上寻狗酬金的上涨。

第二天，酬金果然涨到了4万，第三天又涨到了6万。

直到第七天，酬金已经涨到了15万，那只狗牵动了全市所有人的神经。

最后，几个小孩在乞丐住的窑洞里发现了那只可怜的小狗，它已经饿死了，就连旁边躺着的乞丐也饿得爬不起来了。

后来，乞丐虽然活了过来，但他仍然是一个身无分文的乞丐。

有些人之所以总是生活在愁苦当中，是因为他们的欲望太庞大，永远也填不满，所以他们永远都处于饥渴、焦灼的状态。而只有那些抛却名利、无欲无求的人才能获得真正的幸福。

洞山禅师感觉自己即将离开人世。这个消息传出去以后，人们从四面八方赶来，连朝廷也派了人急忙赶来。

洞山禅师走了出来，脸上洋溢着净莲般的微笑。他看着满院的僧众，大声说："我在世间沾了一点儿闲名，如今躯壳即将散坏，闲名也该去除。你们之中有谁能够替我除去闲名？"

殿前一片寂静，没有人知道该怎么办。

忽然，一个前几日才上山的小和尚走到禅师面前，恭敬地顶礼之后，高声说道："请问和尚法号是什么？"

话刚一出口，所有的人都投来埋怨的目光。有的人低声斥责小沙弥目无尊长，对禅师不敬，有的人埋怨小沙弥无知，院子里闹哄哄的。

不料，洞山禅师听了小和尚的问话，却大声笑着说："好啊！现在我没有闲名了，还是小和尚聪明呀！"于是坐下来闭目合十，就此离去。

小和尚眼中的泪水止不住地往下流，他看着师父的身体，庆幸在师父圆寂之前，自己还能替师父除去闲名。

过了一会儿，小和尚被周围的人围了起来，他们责问道："真是岂有此理！连洞山禅师的法号都不知道，你到这里来干什么？"

小和尚看着周围的人，无可奈何地说："他是我的师父，他的法号我岂能不知？"

"那你为什么要那样问呢？"

小和尚答道："我那样做就是为了除去师父的闲名！"

所谓"闲名"者，就是没有用的名望。它生不带来，死不带去，加之于人心反而是一种沉重，不得自由。不过，大多数人不仅不懂得除去闲名的道理，反而极其功利地去追求，最终弄巧成拙。

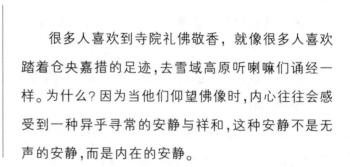

最美遇见你

第五章

修为与人生
——宁静在你的内心,不在山水间

　　很多人喜欢到寺院礼佛敬香,就像很多人喜欢踏着仓央嘉措的足迹,去雪域高原听喇嘛们诵经一样。为什么?因为当他们仰望佛像时,内心往往会感受到一种异乎寻常的安静与祥和,这种安静不是无声的安静,而是内在的安静。

1.别做自己内心的"牺牲品"

正史中这样记载道:"1682年初,当五世达赖罗桑嘉措与世长辞之时,他的亲信弟子桑结嘉措为了能够继续掌管格鲁派的教务,对五世达赖去世的消息秘不发丧。这一瞒,就瞒了十五年。1696年,康熙皇帝偶尔得知五世达赖已去世十五年,却迟迟没有接班人出现,他对此十分愤怒。桑结嘉措见事情败露,只得向康熙认错,并派人加紧寻找五世达赖的转世灵童。终于,在1697年,桑结嘉措找到了一个十五岁的少年,并于当年将他选定为五世达赖的转世灵童。这个少年,就是仓央嘉措。"

仓央嘉措,究竟是灵童再世,还是桑结嘉措为了巩固自己的政权,临时找来的傀儡?

从某个角度来说,他可以算是一个政治的牺牲品。其实,不少人都是"牺牲品"。比如说,有些人是爱情的牺牲品,有些人是名利的牺牲品,有些人是虚荣的牺牲品,有些人是赌博的牺牲品,这种现象在生活中比比皆是。而更多的人,是自己内心烦恼的牺牲品。

早晨,你和你的家人正在吃早饭。突然,你的女儿碰翻了桌上的咖啡壶,你的衣服被弄脏了。衣服是你上班时要穿的,而早上的时间又很紧张。你勃然大怒,指责女儿做事不小心,女儿被吓得哇哇大哭。指责完女儿,你又转而责怪妻子将咖啡壶放得离桌沿太近。于是,夫妻之间的开始发生口角。你气冲冲地上楼去换衣服。下了楼,你发现女儿只顾着哭,早饭还没有吃完，又误了学校的班车，而妻子也到了上班的时间，你只好驾车送女儿上学。因为你上班的时间快到了，所以你将车子开得飞快。你因为超速驾车，被警察拦住，一来二去花了一刻钟时间，最后，你交了罚金后才得以离开。女儿到了学校后，因为匆忙，没有向你说再见。你到了办公室，已经迟到了20分钟，而且你发现公文包落在家里了。

这一天一开头就不顺，而且事情似乎变得越来越糟糕。你盼着工作早点结束，可是当你真的回到家，你又发现你和妻子、女儿之间有了一点隔阂。

那么，这糟糕的一天是怎么引起的呢？咖啡壶引起的？女儿引起的？警察引起的？还是你自己引起的？

答案是你自己。当咖啡弄脏你的衣服时，你没有控制好自己，你做出反应的这5秒钟导致了你一整天不顺利。

假如，你的衣服被咖啡弄脏了，女儿正要哭，你柔声说："哦，宝贝儿，不要哭，你只要下一次小心一点就可以了。"你上楼换衣服，同时拿起公文包，你下楼后从家里的窗户看到女儿蹦蹦跳跳地上了学校的班车。你到办公室时，离上班时间还差5分钟。你愉快地和老板及同事们打招呼。这样，你一天都是好心情。

这是一篇题为《你掌控90%的人生》的文章——同样的事件，不同的结果。

为什么呢？因为人生很多事情，事实只占10%，而每个人对事实的反应占了90%。这10%的事实是我们无法控制的，比如汽车抛锚、飞机晚点、天降大雨等。但是，我们对于这些事实的反应是能控制的，而这才是幸福的决定性因素。

每个人都无法选择自己的出身，或强或弱，或好或差，都是所谓的命运。但是，我们可以改造这样的安排，运用后天的智慧，学着调整，打造出一种最满意的生活方式,将生命中一些无形的伤害降到最低。

尽管你的出生地、升降沉浮等外在因素不能完全被你掌控,但是你完全可以掌控你自己,你可以选择开心快乐,可以选择凡事往好处想,可以选择知足常乐,等等。

所以,我们每天想什么、做什么非常重要,因为这是在给心灵播种。

我们的所思所行会有两种结果:一是外在结果,即事情的客观结果;一是内在结果,即起心动念所形成的心理记录,也就是佛法所说的种子。当这些种子遇到合适的环境,还会继续生长,积聚力量。而在形成一定力量后,又会促使我们去重复它,并在重复过程中日渐壮大。当某种心理发展到一定程度,就会主导整个生命。如果这种心理是负面的,就会使我们成为它的牺牲品。就像那些犯罪者,固然是给他人造成了伤害,但他们自己何尝不是受害者?是负面心理的牺牲品?

所以,我们必须了解并有效管理内心。对生命来说,没有什么比这个更重要。因为心才是和我们关系最密切的,是无从逃避也无法舍弃的。

现代社会的最大问题,就是人的心态不好。很多人在物质达到一定水准后,发现自己并未得到预期的幸福,甚至出现了种种难以解决的心理问题,这才意识到,人生问题不是物质就能解决的,根源在于我们的心。在我们内心,除负面心理外,还有很多良性心理需要特别加以培养,这样才能有效改善生命品质。每种行为都会在内心留下痕迹,形成力量。这种力量又会积累为心理习惯,久而久之,就会成为我们的性格,成为我们的人格,成为当前的生命素质。但人性并不是固定的,它可以通过修行加以改变。

佛法认为,世间一切都是缘起的、无常变化的,关键在于调整。

那么,该怎样进行调整呢?

每个人的存在无非就是两种东西,一是观念,一是心态。观念会制造心态,心态又会影响观念的形成。我们每天会面对很多问题,并对我们产生不同影响。

那么,同一件事是否会对每个人产生同样的影响?显然不是。因为这种影响程度取决于每个人对问题的看法,而不是问题本身。事实上,任何事都有无限的可能性。若能正确面对,好事可以变成坏事,坏事可以变成好事,所谓"福兮祸之所倚,祸兮福之所伏",就是如此。

培养正念力是获得转化的关键。人的每一刻都可正念地过活,用正念去看、去听,去想、去说、去做。做饭时,就正念地做饭;吃饭时,也正念地吃饭;锻炼时,正念地去支配身体四肢;不管所做为何,享受正念的呼吸就会生出正念力,从而帮助我们深深地接触生活,过好每一刻。这修行可让我们把烦恼之垃圾转化为幸福快乐之花。

保持正念绝不是找一处禅修营或寺院,在坐垫上坐上几个小时。正念修行的方式很多,可以轻松地融入多样的日常生活。除了觉知呼吸以外,还可以做行禅、坐禅,以及正念微笑、正念倾听、正念讲话和正念工作等修行方法。我们可以在日常生活的所有活动中修习正念和深入观察,甚至可以一边走路,一边做"停下来"修行。每迈出一步都是一次到达,而非最终去某个地方。我们可以一边走着路,一边享受每一个步伐。

如果在处理邮件、网上冲浪、开会或赴约、叠衣服、刷盘洗碗甚至洗澡时都能践行正念,那么,你的生活就是深刻而充实的;反之,我们也可粗心大意、马马虎虎地任凭日日月月的时光从身边溜走,这样就会失去生命中无数的珍贵时刻。停留,帮助我们充分圆满地过活每一刻。每一天,你都有许多机会去滋养和培育幸福愉悦的种子。

随着正念修行的深化,一时一步,一时一息,逐步积累,你将发现它的诸多神奇之处。它让我们和生命真正相遇,让生命更富深意。当你在时,生命也在。

正念修行会提高我们心专注的能力。能够保持专注,就能理解和深观生命中生起的一切。持续的深观最终能带来洞见和理解,帮我们从恐惧、绝望、痛苦中解脱出来,接触真正的愉悦和平静。藉着正念,我们能深触和拥抱生命,品味生命每天赠予的珍贵礼物,让自己和所爱之人得到滋养和疗治。

2.保持一种豁达随缘的心态

很多人喜欢到寺院礼佛敬香,就像很多人喜欢踏着仓央嘉措的足迹,去雪域高原听喇嘛们诵经一样。为什么?因为当他们仰望佛像时,内心往往会感受到一种异乎寻常的安静与祥和。这种安静不是无声的安静,而是内在的安静,仿佛静静的大山,静到极致,却像通天彻地的声音,有着某种难以表述的震慑力。

如果心里总能这么宁静,也许人们就不会有那么多烦恼了。怎样才能做到这一点呢?显然,我们不能在这里定居下来。但只要一回到都市,每天你就不得不在拥挤的公交车上把早餐解决掉;中午你一边吃着盒饭一边忙着案头工作,快餐成为了我们这个时代的文化标签;手机24小时开机,只为等客户的一个答复;笔记本走到哪里背到哪里,只为随时发发邮件、查资料……

是的,外界的魅力风景确实能够使人享受宁静,但为了使自己能经常保持一种宁静泰然的心境,一点精神上的寄托也是很需要的。精神上的寄托,完全是属于你私人灵魂深处的东西。它不一定有很大的意义,不一定有什么积极的目的,它只是你精神上的一片私人园地,是你灵魂的一个小小避风港,是你躲避世俗牵绊的堡垒,是你可以在那里找到自己、和自己的心灵恳谈的一个秘密的花园。

会处理生活的人，一定懂得怎样给自己安排一片不受干扰的属于自己的小天地。在这里，你可以想你所要想的，做你所要做的，躲开一切你所要躲开的，逃避一切你所要逃避的。这片小天地就是你寄托灵魂或你真正的自己的地方。给自己的灵魂找一个寄托，那不是消极的逃避，而是一种积极的养精蓄锐。正如有位名人说的"我休息是为了工作"，我们也是一样，让灵魂去休息一下，养一养它在尘间奔波所受的伤，然后才能继续去奔波。

匆忙的生活使我们忽略了许多美好的、值得欣赏的东西，只有当你找到寄托你心灵的处所之后，你才能有余情去欣赏这世界可爱的一面，才有机会去享受真正属于你自己的人生。

一个因忙碌搏命而导致长期失眠且无暇关注内心的人，注定只能与躁郁症相伴、他被琐碎而冗繁的欲求折磨得身心俱疲，无法再面对一盏台灯、一本摊开的书、一朵绽放的百合，他被自己的欲念所封锁，从此不知宁静为何物。安宁是属于所有敞开的人和事物的，当最初的心灵被欲望的风暴和泥沙所掩埋，美好的一切也会随之被遮蔽在漆黑的暗处。

记住，享受安然的自由，守住现在，守住你自己，不急着出发到下一刻，安于此刻的存在，与身旁的玫瑰和雾中的树木同住，并融入它们纯洁清香的呼吸之中，在孤寂中倾听与诉说，冥想与歌唱。

生命最根本的诉求，也是亟待找回的乐土，到荒野上去，到山林中去，到河流边去，到岸石的地界和一切敞开怀抱等着我们归来的苍茫大地上去，安宁就在那里，它迷失已久。

佛曰：人生不是梦。若是梦，就怕梦醒了，人老了。人的不幸有千万种，而幸福的人只有一种：心境禅定，爱心无染的人。

佛经上记载了一则故事：有一天，"心"向主人提出抗议："你每天清晨起床，我这颗心就得为你睁开眼睛，观看浮生百态；你想穿衣，我就得为你穿衣避寒；你想洗漱沐浴，我就得为你净身……无论什么事，我都毫无怨言地帮助你，而你却要四处寻找繁华的生活，累得苦不堪言。其实，你要追寻的生活并不在其他地方，而是在自己的心中！"

是啊，人们总把太多的生活琐事放在心上，升职、赚钱、失败、误会等，人们总是想这想那，担心自己担心别人。其实这些成为心理负担的东西都是你自己造成的，你一点一点地给自己加大心理压力，让自己活得累，心理、生理都产生疲倦。

所以说，在任何时候，心态都很重要。打造一颗"平常心"，抱定"淡看世间风光，枯荣皆有惊喜"的生活信念的人，最终都会实现人生的突围和超越。

人生天地间，本来就是自然的，成功也好，失败也好，都是自然的，既不要欢喜过度，也不要伤心过度。自处时超脱，待人时和蔼，无事时坐得住，有事时不慌乱，得意时保持一颗平常心。世间没有永恒的事物，一枯一荣都有自然规律，一惊一喜都事在必然。

"不以物喜，不以己悲"是一种思想境界，是古贤人修身的要求。我们也可以如此，无论外界或自我有何种起伏喜悲，都要保持一种豁达随缘的心态。

一个皇帝想要整修京城里的一座寺庙，他派人去找技艺高超的设计师，希望能够将寺庙整修得美丽又庄严。

负责的官员找来了两组人员，其中一组是京城里很有名的工匠与画师，另外一组是几个和尚。

由于皇帝不知道到底哪一组人员的技艺更好，便决定给他们机会做一个比较。

皇帝要求这两组人员各自去整修一个寺庙，而且这两个寺庙面对面靠在一起。3天之后，皇帝要来验收成果。

工匠们向皇帝要了一百多种颜色的颜料(漆)，又要了很多工具；而让皇帝奇怪的是，和尚们居然只要了一些抹布与水桶等简单的清洁用具。

3天后，皇帝来验收了。

他首先看了工匠们所装饰的寺庙，工匠们敲锣打鼓地庆祝工程的完成，他们用了非常多的颜料，以非常精巧的手艺把寺庙装饰得五颜六色。

皇帝满意地点点头，接着回过头来看看和尚们负责整修的寺庙。他看了一眼就愣住了，和尚们所整修的寺庙没有涂任何颜料，他们只是把所有的墙壁、桌椅、窗户等都擦拭得非常干净，寺庙中所有的物品都显出了它们原来的颜色，而它们光亮的表面就像镜子一般，无瑕地反射出外面的色彩：那天边多变的云彩、随风摇曳的树影，甚至是对面五颜六色的寺庙，都变成了这个寺庙美丽色彩的一部分，而这座寺庙只是宁静地接受着这一切。

皇帝被这庄严的寺庙深深地震动了，胜利者自然是那几个和尚。

我们的心就像是一座寺庙，不需要用各种精巧的装饰来美化我们的心灵，只要让内在原有的美无瑕地显现出来就可以了。

如果你珍爱生命，请你修养自己的心灵。人总有一天会走到生命的终点，金钱散尽，一切都如过眼云烟，只有精神长存世间，所以人生的追求应该是一种境界。

在纷纷扰扰的世界上，心灵当似高山不动，不能如流水不安。居住在闹市，在嘈杂的环境之中，不必关闭门窗，只任它潮起潮落、风来浪涌，我自悠然如局外之人，没有什么能破坏心中的凝重。身在红尘中，而心早已出世，在白云之上，又何必"入山唯恐不深"呢？关键是你的心。

心灵是智慧之根，要用知识去浇灌。胸中贮书万卷，不必人前卖弄。

"人不知而不愠,不亦君子乎?"让知识真正成为心灵的一部分,成为内在的涵养,成为包藏宇宙、吞吐天地的大气魄。只有这样,才能运筹帷幄之中,决胜千里之外,才能指挥若定、挥洒自如。高朋满座,不会昏眩;曲终人散,不会孤独;成功,不会欣喜若狂;失败,不会心灰意冷。从今天起,坦然迎接生活的鲜花美酒,洒脱面对生活的刀风剑雨,还心灵以本色。

3.修行,就像踩水车

继位六世达赖后,仓央嘉措对愈演愈烈的政治斗争毫无兴趣,但又不得不夹在蒙古汗廷和西藏地方官员之间,充当各派利用的工具。作为宗教领袖,他无法一心向佛,以第巴桑结嘉措为代表的西藏势力希望利用他争夺更多的行政权力。这种为僧不能、为俗又没有实质权力的尴尬身份,注定了他的苦恼,也导致了他只能以表面上的放浪形骸来化解内心的郁闷。

不过,即使在青少年时代曾游戏酒肆、游走花间,但作为达赖喇嘛的仓央嘉措并非如一些人误解的那样,将全部心思都花在声色犬马之中。相反,他是一位深有慧根的活佛,短暂的世俗享乐,只是他从众生苦乐的体验中顿生厌离之心,从而走向更加坚定的信仰之旅的一个过程而已。

我们常在电视连续剧或电影里看到这样的剧情:美丽的女主角和英俊的男主角两情相悦,但好事多磨,历经各种匪夷所思的感情磨难,最后以悲剧收场，男主角另娶他人，女主角则带着"破碎的心"遁入空门，青灯木鱼，伴着伤心人终老。

这类情节，凄美处虽然颇感人，但论荒谬也实在够令人失笑的。很不幸，这种对"出家"的样板印象，竟在编剧手里代代相传，使很多对佛法了解不深的人，竟以为"四大皆空"是受过现实打击之后的消极想法，佛门则是"破碎的心"的收容所。

当然不是这样。

佛法是生命的智慧，要在"万里无云"的心境中安静深细地用心检证、体会、融合，继而一寸一寸地化为自己的血肉，成为密不可分的一体；而不是在一次骤然发生的变局中，仓促做出决定。

尼采说："痛苦的人，没有悲伤的权利。"因为痛苦时的悲观，不是真正的悲观。同样的，空观也不是一个悲伤的人所能真正斟透的。空门，不是鸵鸟用来埋头的沙滩，不是乌龟可以缩头的硬壳。进入空门，不是逃避，而是面对；不是帮破碎的心找一个避难所，遮蔽因缘的风雨，而是为誓愿明心见性的生命，觅一个适得其所的修行地。

因此，在境遇顺遂时所得的法喜、禅悦，与在忧伤时所体悟的空观，都有因缘的影子在，还有待沉淀，唯有经过试炼的修行情境才是坚实的。何况佛法不是哲学，是经过实践而内化的生命艺术。悲智双运、福慧双修的法门中，常住的是自己命运和心灵的主人，而不是在因缘业力中缠绵悱恻的"剧中人"。破碎的心，怎么可能真正入"空门"？

不了解佛法出世的意义的人，常常误会佛教徒出家是为了"出世"，即抛开一切，躲开人世的烦恼。

佛教所谓的出世并不是号召大家去逃避，而是要积极地面对问题、解决问题，用真理打开生活烦恼之锁，彻底化解那些无尽的忧愁。无论我们是否修行得道，面对的都是这个世界。没有开悟的人妄想逃避这个世界，大彻大悟的人知道如何面对这个世界。

无相禅师在行脚时感到口渴，路遇一名青年在池塘里踩水车，于是上前向青年要了一碗水喝。青年以美慕的口吻说道："禅师，如果有一天我看破红尘，我一定会跟您一样出家修道。不过我出家后，不想跟您一样居无定所到处行脚，我会找一个地方隐居，好好参禅打坐，不再抛头露面。"

禅师含笑道："哦！那你什么时候会看破红尘呢？"

青年答道："我们这一带就数我最了解水车的性质了，全村人都以此为主要水源，若找到一个能接替我照顾水车的人，届时没有责任的牵绊，我就可以找自己的出路，看破红尘出家了。"

无相禅师道："你最了解水车，请告诉我，如果水车全部浸在水里，或完全离开水面，会怎么样呢？"

青年说道："水车全部浸在水里，不但无法转动，甚至会被急流冲走；完全离开水面，又抽不上水来。"

无相禅师道："水车与水流的关系已说明了个人与世间的关系：如果一个人完全入世，纵身江湖，难免会被五欲红尘的潮流冲走；假如纯然出世，自命清高，则人生必是漂浮无根、空转不前的。"

青年听后，欢喜不已地说："禅师您这一席话，真使我长知识了。"

怎样才叫出世呢？出是超过或胜过的意思。能修行佛法，有智慧，心里清净，没有烦恼，体验永恒真理，就叫"出世"。佛菩萨都是在这个世界。

所以，"出世"这个名词，是要我们修学佛法，进一步做到人上之人，从凡夫做到圣人，并不是叫我们跑到另外一个世界去。

修行就像踩水车，不必气喘吁吁、汗流浃背，只要轻闲用功、轻安和悦地生活，智慧就如源头活水，汩汩地从胸中流出，缜密地契入每次红尘因缘，柔润自己也清凉别人。天地一片朗绿，因为心是流转智慧的水车，我们轻轻踏动，活络络、鲜润润的生命美感，不正滔天盖地地挥洒开了吗？

4.活出人生好时节

喇嘛仓央嘉措，

别怪他风流浪荡，

他所追寻的，

和我们没有两样。

······

　　这就是仓央嘉措最后的结局，三百年来我们一直传唱这首歌，只为了仓央嘉措，一个不成功的活佛，却是一个伟大的诗人。

　　回头再看他流畅轻盈的情诗，感受蕴涵其中的偷偷的喜悦，对世俗不畏惧、不张扬的态度，处处透着"不容易"。原来情诗中也有禅，不管外界多么纷繁嘈杂，心内始终平静如砥，爱情始终明澈快意，这就是爱他的理由。

　　其实人生的价值不在于你活了多少年，而在于你走过的生命中有多少"好时节"，这取决于我们的心态。看不开，处处抱怨，人生便是一出悲剧；看开了，知足、乐观地活，便能活出人生好时节。

　　年少的时候，喜欢玩，哪儿都能找到乐子，觉得全世界的东西都是给我们的礼物。春天采花捕蝶，夏天游水嬉戏，秋天满山遍野地采果子，冬天尽情地在雪地里打滚。那个时候并不懂得什么是"年少轻狂"，却沉迷其中，玩得兴味盎然，现在想想，就像活在诗里、画里一般。随着年龄的增长，曾经的"年少轻狂"已经变成了现在的"柴米油盐"，年少时的兴味盎然也变成了现实中的苦不堪言。

很多成年人都有同样的感触,觉得越活越身累、心累。同样的春夏秋冬,同一个四季轮回,为什么我们曾经活得诗情画意,现在却活得苦不堪言呢?

其实,生活并没有什么改变,造成差异的是我们的心态。每个人都应该相信生活本身充满了惊喜和奇迹,这种热情会给予你极大的帮助。热爱生活,生活给予你的也将更多。请时时刻刻保持你对生活的热情,只有如此,你的生活才能拥有美好的未来。

无门慧开禅师有一首偈,开头两句是:"春有百花秋有月,夏有凉风冬有雪;若无闲事挂心头,便是人间好时节。"是说世间的事皆是闲事,没有什么不得了,更不值得挂在心头,若能如此,你便能过上人间最赏心悦目的好时节。

慧开禅师是得道高僧,悟道成佛的人,境界自然不同。以这样的心境过日子的,虽不一定都是得道高人,但一定是热爱生活的人,而对生活缺乏热情的人一般都不容易办到。

春天除了百花芬芳,也有荆棘杂草;秋天除了清风明月,还有落叶枯藤;夏夜的凉风虽好,却也有蚊虫肆虐;冬日雪景虽美,却难掩刺骨的冰寒。四季虽美,但都有缺憾。世界本来就没有完美的存在,这是事实。四季连在一起是一年,年复一年连在一起就是一生。人生和四季一样,虽然美丽缤纷,也难免有缺憾。

在对生活缺乏热情的人眼中,一年四季的坏处很多很多。在这样的心境中走过一生,即便活到百岁,也会觉得缺少些什么。如果能以一种积极、乐观的心境去感觉,春天虽不一定处处是花,但只看有花的地方;秋天虽然万物萧瑟,但只注目丰收的硕果……凡事往好处想,往好处看,心境自然豁达,人生自然知足而自得其乐。

5.内心简单的人更容易坚定

印在纸上的图章，

不会倾吐衷肠。

请把信义的印戳，

打在各自的心房。

——仓央嘉措

如果心浮意动，即使盖上图章或者起誓，又有什么用呢？真正的保障，来自内心的坚稳、宁和。佛教即关于如何认识和调服人心的智慧，所以，仓央嘉措在这首诗中真正要表达的，是典型的佛教"修心、护念"的教化。

藏族学者平措扎西曾讲过一个故事：有个屠夫想杀绵羊，中途去解手，羊便趁机用蹄子把屠刀埋了起来。屠夫发现后，心生怜悯和罪恶，悔恨之下从悬崖跳下，结果顿悟成佛。这一切被一个在山洞修行的喇嘛看到，心想屠夫尚能成佛，自己更能，于是怀着嫉妒之心，也从悬崖跳下，结果摔死了。这个故事是说，屠夫跳崖成佛，不是因为跳崖，而是因为在那一刻，他的心是纯净的；而喇嘛在跳崖时内心并没有得到净化，而是充满嫉妒和欲望，所以无法成佛。

佛性在哪里，快乐就在哪里。快乐不是拥有得多，而是计较得少。如果心老是在好与不好、期望与恐惧、爱与恨之间徘徊，当你执著于这些极端时，你的心就被搅乱了。

在仓央嘉措的佛教世界里，八万四千法门，都可以在理论上归纳为观止二字。"观"通俗地说，即开"慧眼"，不执著于表面的假象，而是通过对"观"的修行见到被各种表面掩盖的本质。止即定，就是要"看破"，放下万缘，在各种妄念中修炼定心，这样才能进入"观"的入佛境界。

佛家认为，内心紧张，忧郁而不快乐，都是由于"内心不知足"的缘故。无论做什么事情，都怀着强烈的期望，如果期望太高而不能实现，就会痛苦。这个世界越繁荣，诱惑越大，期望就越高，内心反而快乐越少。而消除这种压力的办法，就是设法安心，也就是说，要修"止"。

要知道，内心简单的人更容易坚定，更能看到别人看不到的东西，更能做到别人做不到的事。但可惜的是，要做到内心简单，恰恰是这个世界上最不简单的事情，没有之一。

一个人行事的真伪，是逃不过他人的眼睛的。有内心的信实，才有外在真诚的表现。

有一天，奕尚禅师从禅房出来，听到了阵阵悠扬的钟声，禅师立刻被那种与众不同的钟声吸引了，他仔细聆听，神态极其专注。钟声停了以后，他向侍者询问道："今天早上敲钟的人是谁？"

侍者回答道："他是新来的，才来没几天。"

奕尚禅师说："你去把他找来，我有话要问他。"

那个新来的小和尚来了，奕尚禅师问道："今天早上你敲钟的时候是什么样的心情？"

小和尚回答道："没有什么特别的心情，只为敲钟而敲钟而已。"

奕尚禅师道："我看不是这样的，敲钟的时候，你一定在想着什么，否则，你不会敲出这样的钟声。我仔细听过了，今天的钟声格外响亮，只有真心向佛的人才能敲出这样的声音。"

小和尚想了想，然后说道："我没有刻意要想什么，在我还没有出家以前，我的老师告诉我说：'做什么事都要用心，打钟的时候想到的只能是钟，因为钟即是佛，只有虔诚、斋戒、敬钟如佛，才配去敲钟。'"

奕尚禅师面露喜色，提醒他道："敲钟是这样，做其他事也要这样。要保持今天早上敲钟的禅心，以后你的前途一定不可限量。"

这位小和尚从此事事恭谨，无论做什么事都牢记禅师的教诲，保持敲钟的禅心，终于取得了巨大的成就，他就是后来的悟由禅师。

以真诚的心去对待工作，才能体会到工作的真正意义；以虔诚的心对待人生，才能领悟到生命的真谛。其实，无论做什么事情，只有用心去做，才能成功。如果只是抱着应付的态度去做事，那么，无论如何都是不可能获得成功的，因为成功只眷顾有心之人。

一个年轻的居士前去拜访一位法师，他们从早上一直谈到中午，法师觉得这个居士十分博学。到了吃饭的时间，小和尚看两人谈得投机，便为两人准备了一大一小两碗面。

法师看了一下面条，将大碗推到年轻居士的面前，说道："你吃大碗的吧！"

按照常理，居士应该将大碗再推回到法师面前，以示恭敬，可是居士一点儿都没有推让，张口就吃。法师见他这样，不由皱起了眉头，心里想："本以为他慧根不浅，可是居然一点儿都不懂得礼仪！"

居士吃完后，看见法师根本就没有动筷子，而且面有愠色，便笑着问法师："师父为何不吃？"

法师一言不发。居士笑着说："我确实是饿了，只顾自己狼吞虎咽，忘记让师父了。如果我将您推给我的大碗再推到您面前，那不是我的本愿。

既然不是我的本愿,我为什么要那样做呢?我要问师父,您推让我的目的是什么?"

法师答:"吃饭。"

居士严肃地说:"既然目的是吃饭,您吃是吃,我吃也是吃,何必你推我让!难道您把大碗让给我不是真心的吗?如果不是真心的,那您为什么要那样做呢?"

做人一定要真诚才不会烦恼,不管是谦虚自己还是赞赏别人,都要发自内心。虚情假意的奉承和谦恭,非但不能使别人欣喜、满足,自己也会因为背叛本意而心生不快。说自己不想说的话,做自己不想做的事,为了满足别人而难为自己,心里就会有不满、生怨恨,又怎么能感到快乐呢?

所以,坦率真诚才是做人的本色,真心做事,真诚做人,才会得到别人的认可,自己也能收获快乐。

6.将玉钵打碎,及时放下

随着西藏上层统治阶级之间矛盾日益尖锐,桑结嘉措为了达到其窃权揽政的目的,不让仓央嘉措过问政事,并大兴土木,新建寨后龙宫游苑,怂恿仓央嘉措寻芳猎艳,并为仓央嘉措放荡不羁大开方便之门。就这样,沉溺于失恋痛苦之中的仓央嘉措如一头放归的野马,一发而不可收。

初恋的梦破灭，生命中各种原始的欲望悄然复活；爱情圣殿的坍塌，生命中的毒蛇猛兽蠢蠢欲动。仓央嘉措这才意识到入主布达拉宫最让自己受不了的是格鲁派佛教禁僧侣结婚、接近女性。

而围绕他的政治角逐，更使得仓央嘉措急于寻找一种"生命的真在"。一切都在迫使仓央嘉措成为一个风流倜傥的人物，他自以为找到了一种解脱方式。

从此，仓央嘉措更加放浪形骸，花天酒地，沉溺色欲。有时甚至公然无忌地大闹特闹，连康熙皇帝、拉藏汗、蒙古王公三番五次警告都置之不理。

很多人都曾有过这样的经历——有些人一有时间就吸烟喝酒，有些人每到空闲就去歌舞升平麻醉自己。吸食这样的"吗啡"之后，我们会变得快乐，之后好了伤疤忘了疼。但愚钝的生活又会使我们不得不重新揭开伤疤，而结果是，比上一次更疼。

所以说，嗜好归嗜好，千万别拿嗜好当"鸦片"。要知道，世间很多有才能的人往往就毁在小嗜好上，例如赌博、吸毒、贪恋女色、喜好古玩等，这些东西一旦沉迷其中，便很有可能丧失心智。

达摩祖师本名叫菩提多罗，南印度人，出身婆罗门贵族，是香至王的第三个儿子，后来遇到般若多罗，为祖师所器重而度化出家，改名菩提达摩。

达摩未出家以前，就具有超人的才智和脱俗的善根。有一次，般若多罗指着一堆珠宝对达摩三兄弟问道："世上还有比这些珠宝更好的东西吗？"

老大月净多罗回答道："没有！这些珠宝乃我们王者之家最为珍贵的宝物，世上再也没有什么东西能超过这些宝物了。"

老二功德多罗也回答道:"我没有见过世上还有比这些宝物更珍贵的东西。"

唯有老三菩提多罗不同意这种说法,他说:"我不认为两位哥哥的话说得对,这些珠宝其实没有什么价值!"

两位兄长齐声责问道:"为什么这些珠宝没有价值?有价值的宝物是什么?"

菩提多罗说道:"因为这些珠宝自身不能认知自己的价值,必须假以人们的智能去分辨,否则只不过是一些没有知觉的东西而已。而佛陀说的佛法真理才是法宝。法宝是由人们的般若所发挥出来的智能,不仅能自照,还能区分各种形形色色的珠宝,更能分辨世间与出世间的一切善恶诸法。所以,在各种宝物中,最尊贵的应该是无上真理的法宝。"

什么才是真正的宝物?是佛、法、僧三宝。佛、法、僧又称自性三宝,此即人人本具、个个不无的真心本性。金银珠宝有毁坏的时候,真心本性却没有毁坏的时候。菩提达摩后来继承祖位,东来传授佛法,一花五叶,分灯无尽,便是真理法宝胜于金银财宝的生动注解。

历史经验告诉我们,那些能够青史留名、为万世所敬仰的人,往往不是因为他们有多少珍宝,做多大的官,而是因为他们手中握有真理。而正因为大多数人都在追逐外在的财物,而不去发掘自身的宝藏,所以被人记住的名字少得可怜。

金碧峰禅师自从证悟以后,已能够放下对其他诸缘的贪爱,惟独对一个吃饭用的玉钵爱不释手。每次入定之前,他一定要先仔细地把玉钵收好,然后才能安心地进入禅定的境界。

有一天,阎罗王因为金碧峰禅师的世寿已终,应该把业报还清,便差几个小鬼前来捉拿他。金碧峰禅师预知时至,想和阎罗王开个玩笑,就进入了甚深禅定的境界里，心想，看你阎罗王有什么办法。几个小鬼左等右等，等了一天又一天，都捉拿不到金碧峰禅师。眼看没有办法向阎罗王交差，他们就去请教土地公，请他帮忙想个计谋，使金碧峰禅师出定。

土地公想想，说道："这位金碧峰禅师最喜欢他的玉钵，假如你们能够想办法拿到他的玉钵，他心里挂念，就会出定了。"小鬼们一听，赶忙去找禅师的玉钵，找到后，小鬼拼命地摇动它。禅师一听到他的玉钵被摇得砰砰地响，心一急，赶快出定来抢救。小鬼见他出定，就拍手笑道："好啦！现在请你跟我们去见阎罗王吧！"

金碧峰禅师一听，才知一时的贪爱几乎毁了他千古慧命。于是，他立刻把玉钵打碎，再次入定。

面对我们的嗜好，应该像金碧峰禅师那样，将玉钵打碎，及时放下，你才能够解脱自己，不为其所害。

有一天，皎光禅师走过庭院时，一阵狂风吹来，把树上的黄叶吹落下来，撒满地上。皎光禅师看了一会儿，沉默无言。没一会儿，风停了，禅师低头弯腰，把树叶一片片地从地上捡起来。

在庭院里，几个小沙弥觉得十分有趣，就围过来说："师父，您不要捡了，我们明天就会把院子里的黄叶扫得干干净净的。"

皎光禅师说："打扫可以使地上变得干净，我在这里捡一片叶子，不就可以增加一分干净吗？"

有个小沙弥抢着说："师父，捡起来太慢了，您看前面的叶子捡完了，后面又落下叶子来了！"

皎光禅师并未理睬他们，只是边捡边说："你们认为只有地上有落叶吗？其实，在人们心中的落叶也不少哩！我在这里捡，也是在捡我心中的落叶。时间长了,终究有捡完的时候。"几个小沙弥听了,若有所悟地点点头。

　　地上的落叶尚且难以在短时间内捡干净,更何况心灵的落叶?所以,落叶要及时捡,心灵的尘埃也要及时清理。生活也罢,职场也罢,以积极的态度自我检讨,及时拾捡心灵的落叶,就能及时发现自我行为的偏差,从而及时对心理和行为进行调整,让他人快乐,也让自己快乐。

最美遇见你

第六章

魅力与人生
——拥有一个至纯至美的灵魂

三百年来,数不清多少世人循着诗句,寻找那些生动的令人不忍卒读的故事。仓央嘉措,才情无双,每一天都有人跋山涉水找寻他,为他点亮一盏酥油灯,他的诗句被广为传诵。这是他至善至美的灵魂折射出来的永不消散的魅力。

1.一个有魅力的人

在一些文学作品的描述中,仓央嘉措曾化名为宕桑旺波,和拉萨的青年男女们一起嬉戏游乐。他为了邀请他的朋友,在布达拉宫后花园里的湖中小岛建筑了一座精美的楼阁,名叫龙王潭。这也就是《列隆吉仲日记》中所记载的"歌舞游宴"。在这里,仓央嘉措经常邀请他的朋友们唱歌跳舞饮酒狂欢,而他自己,则即兴创作情歌,并让大家演唱。

在宴会上,他遇见了达娃卓玛。达娃卓玛美妙的歌声和动人的外貌吸引了仓央嘉措渴望自由的心。仓央嘉措的许多诗歌看上去描写的都是他与达娃卓玛的故事。比如达娃卓玛来自琼结,而仓央嘉措就写过这样一首诗歌:

拉萨游女漫如云,琼结佳人独秀群。

我向此中求伴侣,最先属意便为君。

这里的"琼结佳人"指的就是达娃卓玛。

他也写了一些诗歌描写与达娃卓玛的恋爱故事。比如:

少年浪迹爱章台,性命唯堪寄酒杯。

传语当垆诸女伴,卿如不死定常来。

自从和达娃卓玛相识,他便经常与她在拉萨的酒肆碰头会面。而这里所说的"当垆女",其实就是指达娃卓玛。

而和达娃卓玛的私会被人发现以后,仓央嘉措也写了许多首诗歌来表达自己的不满情绪。

龙钟黄犬老多髭,镇日司阍仗尔才。

莫道夜深吾出去,莫言破晓我归来。

这里仓央嘉措所说的事情就是指他"深夜与达娃卓玛幽会,清晨再回来"一事。

可以说,在能够被确认为仓央嘉措所作诗歌中,绝大部分情歌都是写给达娃卓玛的。然而,除了这些情歌,我们再也无法在历史的尘埃中找到有关达娃卓玛的任何资料。她究竟是真的曾立于仓央嘉措的眼前,并让他荒疏佛学,整日痴迷于人间的情愫,还是仓央嘉措在百无聊赖的孤苦之中自己创造出的影像,我们不得而知。

我们现在唯一可以感受到的是,仓央嘉措的情感早已追随历史的烽烟,被埋葬在布达拉宫神圣庄严的宫墙之下,留给我们的,只是一个个回荡在雪域上空的神秘传说——时间大概是世上最残忍的刽子手,它走过的每一寸土地,柔情,被碾成了碎片,才华,被轧成了尘埃。

仓央嘉措,这个全西藏最有争议的才子、最有魅力的活佛,最终也逃不过时间的消磨,消逝在历史的尘埃中。然而,夺目的光环即便在他离去之后,也久久无法消散。这就是他的人格魅力所在。

如今,我们以一种什么样的形象立足于社会,确实和自己的气质与性格分不开。通过认识自己的性格和他人的性格,我们会发现,社会上的成功者,往往都是那些很有个性魅力的人。

无论是在生活中还是在工作中,我们都希望自己能成为一个受欢迎、有魅力的人,希望自己被别人喜欢和爱戴。要让自己成为这样的人,一味地取悦别人并不是最好的办法,关键还是要培养你迷人的个性。

所谓的魅力,就是一个人对其他人强大的影响力和吸引力。所谓影响力,就是影响和改变别人的心理、态度与行为的能力。在强大的影响力和吸引力面前,别人自然会为你倾倒。一个人,不管他有意无意,或多或少都会影响别人,而成功的人、高情商的人,其影响力要大得多。所以,要想取得人生的成功，除了要学会武装自己、认识自己、控制自己的情绪、确认自己的人生目标等之外，还要学会尽可能地影响别人，这就需要我们有迷人的个性。

许多书籍和文章都告诉我们怎么取悦别人，以得到别人的喜爱。让别人喜欢的方法，就是使自己变得讨人喜欢。所以，在生活中，你要顺从别人，不要攻击别人，并且多说一些别人想听的话，和同事们相处的时候，你要表现得世故一些；和老乡在一起时，则要尽量诚实。

如果这么做，你可能会暂时讨人喜欢，但不可能长久，因为你在讨人喜欢的过程中失去了自我。过一段时间，你可能会发现，你的交往范围扩大了，而你自己却感到越来越孤独。所以，以失去自我为代价去取悦别人，让别人喜欢你，并不是最好的方法，你必须让别人喜欢你真正的样子，这是使自己成为一个受欢迎的人的基础。

要使自己成为一个有个性魅力的人，正确的办法就是培养自己讨人喜欢的特质。这些特质对你而言是相当珍贵的，如果你真的希望某个人做你的朋友，他就应当喜欢你的这些特质。你只是为了你自己而培养这些特质，千万不要为了给别人留下某种印象而去刻意迎合。那样，你不但会失去成功的机会，还会失去你想要的一切。

那么，应该培养哪些特质呢？

(1)要学会独处。

你可能觉得惊讶，但这与如何受别人喜欢并不矛盾。一个人如果不能和自己好好相处，还能期望别人什么呢？又怎么能期望别人好好和你相处呢？

(2)培养你的享乐能力。

你放慢自己的脚步，好好品尝一下自己所做的事情，同时，尽量让自己参与周围发生的事情。因为，如果事事都做旁观者，你就会觉得自己并不重要，周围的事情也不重要。然后，期待一切愉快事情的发生。如果真的发生了,就好好庆贺一番,继续强化你愉快的感觉。

(3)不要讥讽任何人。

如果你事事讥讽别人,就会显得以自我为中心,只顾自己的利益,而且会认为世界上没有一个人是真诚的、宽容的。每个人都想占别人的便宜,一点也不想付出。比讥讽本身更糟的是,你得继续用讥讽掩盖你这种违反道德的行为,直到你对整个世界、整个人类都嗤之以鼻。

(4)对你重要的事情,如果你和别人持相反的意见,就要做好面对他们的准备。

这对你了解自己的目的和别人的认同很有关系,同时也能让别人知道你具有坚强的信念和强烈的感觉。

(5)尝试培养感受别人经验和关怀别人经验的能力。

这将会使你的生活更丰富,有助于和别人的生活建立一种密切的关系,也会使你显得更可爱。

学会分享朋友的快乐,同情别人的悲伤,这一点我们大多数人都会,但只有天使才会与别人分享快乐,因为他不嫉妒别人的快乐。所以,要培养这种特质。

(6)你是自己创造的,所以你可以把自己塑造成理想的自我。

不要把自己看成是别人生活的牺牲品,也不要把别人看成是牺牲品。你与别人一样享有同样多的自我创造能力,这种能力会使你和别人同样可敬。

2.用力做事,不如用德做事

净空法师说,以力服人,时间短暂,功效浅;以德感人,时间久长,功效深。与其用力服人,不如用德感人;与其用力做事,不如用德做事。

相传,仓央嘉措在阿拉善弘法期间,曾经为了修建一座寺院,给前来阻挠的当地官员屈膝跪倒,"把那千百种功德修来的高贵的头颅抵到地上,俯首礼拜,口放悲声,恳求至再,总算求得那汉官留下了佛殿,免遭拆毁"。

可见,把善良种植在心中,心就不会荒芜,那些阳光雨露就会天长地久地滋润它,即使老态龙钟,生命之旅依然蓬勃旺盛,享受世上的美好。善良之人不会斤斤计较,不会尔虞我诈,不会勾心斗角,只会赢得世人的赞颂。

善良的钥匙会开启生命的灵动,不管任何的电闪雷鸣,都能波澜不惊。心存善良,就不会惧怕,不怕人生的艰难险阻,能洞穿世俗而荣辱不惊。任何时候,善良之人都会善待别人,给别人一个微笑,温暖彼此。

有一个小镇很久没有下雨了,令当地农作物损失惨重。于是,牧师把大家集合起来,准备在教堂里开一个祈求降雨的祷告会。

人群中有一个小女孩,因个子太小,几乎没有人看得到她,但她也来参加祈雨祷告会。

就在这时候,牧师注意到小女孩所带来的东西,激动地在台上指着她:"那位小妹妹很让我感动!"于是,大家顺着他手指的方向看了过去。

牧师接着说："我们今天来祷告祈求上帝降雨，可是整个会堂中，只有她一个人带着雨伞！"大家仔细一看，果然，她的座位旁挂了一把红色的小雨伞。

这时，大家沉静了一下，紧接而来的是一阵掌声与泪水交织的美景。

善是佛前的一朵青莲，可以度我们重生。只要心怀善良，就可以快乐地行走在这个世界。红尘万丈，我自出淤泥而不染，着一脉微笑坦然面对世间的是是非非、恩恩怨怨。

《中央车站》是一部巴西经典电影，曾经获得过40多个国际电影节大奖。电影讲述了一位老妇人多拉陪同一个孩子乔舒亚，去远方寻找他爸爸的故事。而下面要说的，是电影之外的故事。

年轻的电影导演沃尔特需要从全国各地的小孩中选择一位男主角。这天，他因事来到城市的一个车站，一个小男孩要为他擦皮鞋。他当时拒绝了这个孩子，于是，这个孩子问他能不能借给自己一些钱，好让他买个面包，等他擦鞋挣了钱，他一定会还给他。

这时，他才发现眼前这个瘦弱的孩子和自己想象中的电影男主角很相似。他给了孩子买面包的钱，并且告诉他，明天可以去他的工作室找他，不但有饭吃，还可以挣钱。

第二天，当沃尔特来到工作室的时候，他惊呆了，昨天擦鞋的小男孩不但自己来了，还带来了几乎车站所有擦鞋的孩子。导演在这些孩子中间发现，有几个比那个小男孩更机灵，也更适合当这个电影的男主角。但最后，他还是决定让这个孩子来试试，因为他觉得他是个善良的人，而电影中的孩子，正是一个善良的人。

后来的故事就简单了，这部电影获得了巨大的成功，一个在车站擦皮鞋的孩子，从此走上了"星光大道"，成为了巴西家喻户晓的明星文尼西斯。

人最初来到这个世界的时候都是心地良善的，正如古时启蒙书上所说："人之初，性本善。"先天的善良如果没有后天的环境改变，就会一直善良下去。可人性是复杂的，善良中往往会掺杂些私欲，这就导致了后天的的变化。武侯教子曰："勿以善小而不为，勿以恶小而为之。"就是要让我们明白，即便是很小的善事，我们也应该去做；即便是很小的坏事，我们也不能去做。小时偷针，长大偷金，恶是一点一点演化出来的，善也是循序渐进的。

3.价值观是人生的指南针

清楚地知道自己人生中最重要价值的人，往往都能很快并且很正确地做出决定。就好像那些杰出人物，他们都有很明确的一套属于自己的价值观。价值观就好像是茫茫大海中的一块指南针，引导你的航行成功。

相传，仓央嘉措的老师班禅大师给他上的"第一堂课"，传授的内容并不是佛法，他对仓央嘉措讲述了五世达赖喇嘛一生的故事，最后对他说，"前世大师一生鞠躬尽瘁，作为转世尊者，你也要像他一样勤奋勤勉。"

仓央嘉措望着师父，重重地点了点头。他突然发现，此前的老师只是教会了他一些知识，而面前的这位真正的老师却像父亲一样，他不是板着面孔严格教导，而是在他的心中开启了一扇门，这扇门一打开，他仿佛看到了一条光明的大路——是啊，做人，就要做像前世那样伟大的人。

每个人都有与别人不同的价值观，这是人们经过深思熟虑，并在不断的选择中得到的。就如不同的人有不同的人生，不同人的价值观也是不同的。

南怀瑾在讲《圆觉经》时说："学佛是从做人开始。人都没有做好，我要打坐，我要修法，我要灌顶，灌了顶就可以往生西方，念个咒就可以成佛了，你看这个贪心多重啊！"

南怀瑾还告诉学佛的人说："这一段成佛的方法，没有什么法门，只教你如何学做人。自己要做成一个求法的学生，自己要成器，因为佛法不在老师这里，而是在你自己那里。你如果能对一个泥巴做的菩萨起恭敬心，也一样会成道，何况是一个活人？"

在安静的渔村里，生活着甲和乙两位船长。他们每天都要出海捕鱼，但是甲船长的收获永远没有乙船长的收获大。

一天，有人问他们俩："你们为什么每天都要出海呢？"甲船长愁眉苦脸、唉声叹气地说："混口饭吃呗，不打鱼，哪来的饭吃？"乙船长却神清气爽、满脸笑容地回答道："因为我喜欢大海的辽阔，能在海洋的怀抱里尽情地驰骋是一件多么幸福的事情啊，我实在太迷恋大海了。"

那人接着问乙船长："你就不担心你的生活吗？"乙船长哈哈笑道："当然要关注了，但是在我看来，在海洋中获得丰收中间的过程才是最重要的。当然，我们也有空手而归的时候，但是我们的船员都很乐观，而且那种在海洋中驰骋所能带来的快乐是什么都不可能替代的。"

那人又接着问道："你们的船都不大，当你们开着船在波涛汹涌的大海中航行的时候，你们就不害怕吗？"甲船长还是一张苦瓜脸，说道："当然害怕了,但是我不出海,我的家人就没有饭吃,我最近正在合计着换个职业。"乙船长说:"我们也知道有危险,但是我们更愿意接受现实。"

不久,在一次航行中,两位船长都遇上了海上的暴风雨,幸运的是,两个船长和他们手下的水手都没有受伤,但船却损坏得很严重。甲船长每天唉声叹气、怨天尤人,他的那些水手一个个也无精打采的;而乙船长则是每天非常积极地度过,他带领水手用最快的速度修好了船,没过几天,就能再次下海了。

价值观就是我们人生旅途中的指南针,是每个人判断是非黑白、对错的信念体系,它引导我们去追求想要的东西。

不同的价值观导致不同的人生。我们的一切行为与决定都是以价值观为基础的。没有价值观的人生是不健全的人生,同样,没有价值观的人也是不健康的人。价值观影响着我们的一切反应,主宰着我们的生活方式。

在电脑上执行某种程序,首先要把相关的程序设定好,然后输入资料。这样不管是多或少、复杂或简单的资料,只要是与程序对应的,它都会给你做出处理与决定。价值观就好比是电脑上的执行系统,不同之处是价值观不是设定好的程序,而是融在人脑中的决定判断是否进行的系统。

一个人的人生价值的体现取决于他的人生价值观。如果给自己设定的价值观低于常人,那么,不仅你过的生活不如常人,你的能力也得不到发挥;若你的价值观高于他人,那么,你的生活也会高于他人,能力也会得到更好的发挥。人的价值观不是一成不变的,随着时间的流逝,所得到的经验会使你的价值观不断发生改变。每次改变只准提高不准降低,这样,你的能力也会不断地得到提高、发挥。

"属于你的逃不掉,不是你的强求不来。"我们常会听到这句话。人生就是如此,所以,不是你的不要假装拥有,是你的就要勇于承认。无需羡慕别人,因为别人也在以同样的心态羡慕着你。每个人所需要的东西是不同的,有些人喜欢自主,有些人喜欢好的环境。其实这些都以价值观的一部分表现着。人的一切决定、喜好都来自于价值观这一本质,了解和接受自己的价值观是做一个诚挚的人的必经之路。

4.保留那份灵魂的高贵

仓央嘉措的确是一个美而有魅力的男子,但他的美更多地源自他的灵魂。人们总喜欢用"法相庄严"来形容佛颜之美。其实,法不着相,外在的相貌容颜都是虚幻无常的,只有内心笃定的信仰和纯净平和的心灵,才是永恒魅力的源泉。

的确,对于他来说,诗词的底蕴比一张漂亮的脸蛋要生动许多倍,灵魂的高贵可以弥补物质的贫穷。人生也许会走向薄凉,也许会走向炽热,薄凉也好,炽热也罢,人生总是有了底蕴的积淀之后才美,才深厚,才意蕴悠长。

罗兰曾说:"能保有着高贵与正直,即使在财富地位上没有大收获,内心也是快乐和满足的。"高贵的灵魂是人的名片,是区别于动物的标志。灵魂因为高贵而凸显人的崇高价值,并受到人的尊敬。

灵魂的高贵体现在人对自身价值的坚守。"路漫漫其修远兮,吾将上下而求索"的屈原,坚持政见,宁可放逐也不愿同他人同流合污;"壮志饥餐胡虏肉,笑谈渴饮匈奴血"的岳飞,抗金报国,不畏强权;"人生自古谁无死,留取丹心照汗青"的文天祥,坚决抵抗元兵的入侵,后不幸被俘,在拘囚中,仍大义凛然。灵魂的高贵使他们即使身处困境、面对诱惑,仍然不放弃自己的操守。孟子说的"贫贱不能移,富贵不能淫,威武不能屈"即是一种大丈夫式的高贵。

灵魂的高贵能让人在财富与权势面前昂起头颅。就像贝多芬拒绝为卖国贼利西诺夫斯基公爵演奏音乐,他在回信中写道:"公爵,你所以成为一个公爵,只是由于偶然的出身;而我之所以成为贝多芬,完全是靠我自己。公爵现在有的是,将来也有的是,而贝多芬只有一个!"诚如贝多芬所言,由于偶然的出身,世界上有无数的公爵,而历史又是无情的,这些曾显赫一时的公爵一个个都消失在了滚滚的历史长河之中。贝多芬虽没有高贵的出身,却有不朽的作品、高贵的灵魂,在人们心中铸起了一座丰碑,受到人们世代的敬仰。

灵魂的高贵来自于人对美德的追求。拥有高贵灵魂的人有个共同的特点,就是他们都有美好的品德。这是铸成高贵灵魂大厦的基础,是高贵灵魂源源不断的动力。西班牙哲人葛拉西安说:"美德是至善的链条,是一切快乐和幸福的中心。"

高贵的灵魂向往崇高的道德,如同缕缕清风向往着浩洁明月,淙淙小溪向往着汪洋大海,碎石垒土向往着巍巍高山。灵魂高贵者从不把外表的饰点和美貌当成真正的美,而把内心的美德当成永恒的美。为了美德,他们宁愿选择清贫、孤独、困顿,在他们忍受这一切时,上天往往会把幸福与快乐回报给他们。

灵魂的高贵保留着一份善良与纯真,使你远离邪恶与危险。历来正邪不两立,选择灵魂的高贵就选择了正直,远离了邪恶。因为高贵者崇尚美好的事物,选择光明正大的方式,鄙视邪恶、阴暗、狡诈。保留着灵魂的善良与纯真,才能不为诱惑所动,才能远离心灵之魔的蛊惑,远离无穷无尽的欲望,堂堂正正地做人行事。古人云:"君子寡欲,则可以直道而行。"灵魂高贵者能自我约束，不断地反省自己，与丑恶划清界限，以远大宽广的视野来看世界，以正面积极的态度来看问题。"君子喻于义，小人喻于利"，境界的大小决定了行为的不同，从而有了不同的选择、不同的方向、不同的结果。

人的身份地位可以卑微，但灵魂决不能卑微。灵魂卑微渺小，就意味着生命之花的枯萎。放弃了灵魂的独立与高贵，就丧失了做人的尊严，就等于出卖了自己的灵魂。

灵魂高贵者，纵使身处逆境，内心的光华也难以遮掩，只要向着正确的方向前进，终究能迎来雨过天晴。保留一份灵魂的高贵，让我们做灵魂的主人吧。

5.圣人无名，莫痴缠名利

仓央嘉措虽然身在权势与财富的荫庇下，却偏偏不爱权势与财富，他骨子里早就生了一颗重情重义的淡泊之心。他之所以宁做情种也不做权贵的最主要原因，就是不想让心灵被外物所禁锢，得到一些看似重要，其实并不需要的东西，他想成为与众不同的文人雅士，解放心灵之后再成就厚重的自我。

一个人究竟是应该安守自己的命运，在或好或坏的命运中寻找心灵的慰藉和平和，还是应该心怀壮烈，与命运抗争，争取更好的现世名利？古往今来，多少惊才绝艳之辈因身陷名利囹圄不能自拔，而用所学之识相互攻伐，最后变成党争。如晚唐的李牛党争，明代的东林党争，涉入其中的多有饱学鸿儒、治世俊才。这些人非但没有用其所学报效国家黎民，反使国家日渐衰落，实在是可悲可叹。

道德沦丧都是因为求名，智谋凸显都是因为争强。名引起了相互倾轧，智是相互争强的手段，两者都是凶器，是不可以尽行的。

当今社会，有这么一些人，为名，不顾道德底线，不顾礼义廉耻；为利，铤而走险，绞尽脑汁。而为了凸显出自己有智慧，比别人更有学识，于是各执己见，争强好胜，久而久之，争议越来越多，真正的学问反而没有了。

"兰花生长在幽深的树林之中，环境清幽，人迹罕至，但是它不因为没人观赏就缺少芳香；君子修养自身道德，不因为处境艰难就改变节操。"孔子用这段话，表明自己要像深林里的芝兰一样，不因为穷困而改变节操。芝兰固有的本质机能决定了它要散发芳香，即使身处深谷幽林，依旧本质不变而芳香亦然。

当时，孔子路经陈蔡去应楚国的聘请。陈蔡的统治者担心孔子的圣贤一旦为楚国所用，就会危及到自己国家，便派兵包围孔子，阻止他前行。这导致孔子粮食断绝，跟随他的人都生病了。但是孔子却不因处境艰难而放弃追求，而是更加慷慨地讲诵诗书。

子路因处在困境而气恼，问孔子："善有善报，恶有恶报，为什么讲仁德的人却被困？"

孔子就用这段话开导他："历史上有才有德而不被接纳的人很多，怎么做在于自己，而回报与否则在于上天。"

名利闪耀着熠熠的光芒，如梦幻般迷人，很多人穷尽一生的力量去追逐，却不知道，在这华丽的背后，是一个陷阱。若是痴缠于名利，就会落入这美丽的陷阱而懵然不知。名利在给予人们想要的虚荣之后，会紧紧地束缚住人的心,使其始终沉重而不得解脱。

一个秀才来到一座禅院,在路上,他看到一件有趣的事,想以此考考禅院里的老禅师。他与禅者一边对坐品茗,一边高谈阔论。突然,他问了一句:"什么是团团转?"

"皆因绳未断。"禅师随口答道。

秀才听了目瞪口呆:"你是怎么知道的?在来的路上,我看到一头牛被拴在树上,这头牛想离开这棵树,可它转过来转过去都不得脱身。我以为大师既然没看见,肯定答不出来,哪知大师出口就答对了。"

禅师笑着说:"你问的是事,我答的是理。你问的是牛被绳缚而不得脱,我答的是心被俗物纠缠而不得超脱,一理通百事啊。"秀才恍然大悟!

世间之人总是难以摆脱名利的诱惑,一个又一个人加入到追逐名利的过程中,跌入名利的陷阱而不自知。

居里夫人被称为"镭之母",因为其重大的科学成就而举世闻名,她一生获得荣誉无数,但是对此,她全然不在意。

有一天,她的一位朋友来拜访她,见她的小女儿正在玩着一个东西,朋友仔细一看,不由吓了一跳,那个在地上滚来滚去的东西,竟然是英国皇家学会刚刚发给居里夫人的一枚金质奖章。

他急忙问:"居里夫人,英国皇家学会的奖章是极高的荣誉,你怎么能给孩子玩呢?"

居里夫人却笑了笑说:"我是想让孩子们从小就知道,荣誉就像玩具,只能玩玩而已,绝对不能永远守着,否则将一事无成。"

哲人说:世上有两样东西最帮人,也最害人,一是金钱,二是名声!世人只知道功名利禄会给人带来幸福，因此不遗余力地追逐。殊不知，功名利禄也会给人带来痛苦。为了功名利禄，我们劳心劳力，四处劳碌奔波，甚至耍弄阴谋诡计，违背本心对别人溜须拍马，搞得自己精疲力竭。这样，即便最后我们名利双收，恐怕也没有什么意思。

名利皆是虚浮之物，得到固然值得高兴，得不到也不必强求。不要忘了，虽然它能带给人们满足感，但它是人世间各种矛盾、冲突的重要起因，也是人生之中诸多烦恼、愁苦的根源所在。庄子说："不为轩冕肆志，不为穷约趋俗，其乐彼与此同，故无忧而已矣。"只有将名利放下，才能无欲则刚，远离名利的陷阱。

生活中，有些人羡慕"贵族"，所以成了"跪族"。在这个物欲横流的社会，人极容易迷失自己。断定一个人是"贵族"还是"跪族"，不是看他的财产和地位，而要看他是否拥有一颗高贵的心。

商业社会是一个名利场，名利自然是名利场的招牌，大多数人一辈子向往、追求的不就是这些东西吗？因为有了这些东西，好比泥胎镀了金身，立时就会显得高贵起来。

但是，这种高贵只是表面和形式上的高贵。真正高贵的人并不一定能拥有这些，拥有这些的人也未必高贵。

一位拾荒的老人曾感动了全中国。那是一个大雪纷飞的冬天，一位拾荒老人和往常一样，提着一个袋子寻找还可以卖上价钱的废品。从她佝偻的背影可以看出她生活的艰辛。这时，她看到一个包着东西的塑料袋，她想，这塑料袋里可能有塑料瓶之类可以卖钱的东西，于是就把这塑料袋捡了起来。当她打开袋子时，发现里面竟是一大摞钱，有7000元，这对于她来说，无疑是一笔巨款。要换了平常人，捡到这么多，又四处无人，就算最后决定交出去，之前也会有一番心理上的挣扎。

可这位老人竟毫不犹豫地走了几千米，直接来到公安局，将这笔钱交给了警察。然后,老人又带着警察到现场去勘察了一番,等她回来做完笔录,已经是上午11点多了。这时,老人面露窘色,对办案的民警说:"小伙子,你能借我一块钱吗? 我到现在连早饭还没有吃,想买俩馒头填填肚子。"

当时在场的人都愣住了,继而争先恐后地掏出钱来塞给老人,但是老人坚持只要一块钱,一分钱也不多要,大家都被老人的举动给感动了。

这位老人宁愿借钱也不肯拿这7000元钱的一分一毛,要知道,这7000元钱足够这位老人吃20年的早饭。但是老人却想,这些钱可能是某个农民工辛苦一年攒下来回家过年的,也可能是哪个人用来治病救人的救命钱,也可能是哪个孩子等上大学的学费,丢钱的人一定心急如焚,她只想着赶快把钱还给丢钱的人,其他的没有多想。

如今社会,有为钱杀人放火的,有为钱坑蒙拐骗的,有为钱贪污受贿的……能做到拾金不昧的人实在少之又少。可是这个老人做到了,她的行为是高尚的,她之所以让人震撼、感动,是因为她有一颗高贵的心。

是啊,即使没有贵族的身,也有一颗贵族的心。老人的行为真正诠释了那句千古传诵的名言:贫贱不能移。

人生是一次艰辛坎坷、充满挑战、充满挫折的旅途,有太多的理由让我们放弃自己、放弃灵魂、放弃理想。为了名利,有太多的人放弃了尊严,宁愿成为权贵豢养的"哈巴狗",也不愿成为骄傲的狼。在他们看来,一颗贵族的心毫无用途。

大多数人的生活注定平凡,但是,平凡并不意味着我们不能变得高贵。不亢不卑,内心充实,塑造自己独特的魅力与人格,为自己打造一颗贵族的心,并使它在繁琐而细碎的生活中绽放光彩,就如那句广告词,"平凡而不简单"。当我们拥有一颗贵族的心,就算是在普通、庸俗的生活中,也可以使自己过得优雅而有品味,时时散发出独一无二的魅力。

6.纯洁的嘴唇和心灵

藏族同胞从来不怪仓央嘉措风流浪荡,只要是活佛的情绪,只要是活佛做的事情,他们都表示认可。更何况,一个了不起的活佛居然表达出了跟他们凡人一样的情感,所以,他们对仓央嘉措更加偏爱了。凡人有的,仓央嘉措也应有,既然被剥夺了,他理所当然可以寻求索取。他的真实、大胆、纯洁的心灵和爱情,激起了藏胞对他的情歌格外的偏爱。

所以,对于男士而言,拥有纯洁的嘴唇和纯净的心灵是一种骄傲。对于女士而言,灵魂中没有一点渣滓,思想中没有一丝邪恶,也是值得引为自豪的。

贞洁的身体里蕴涵着的纯洁思想可以带来睿智和谨慎,带来冷静的思考和创新行为,带来随意自如的举止和美好的仪态,带来真挚的生活原则和没有偏见的对事物的理解。

一天晚上,一位军官兴冲冲地走进北方联邦军帐营,说:"我有很多故事要讲给你听,这里没有女士,是吧?"

格兰特将军放下报纸,缓缓地抬起头,看着这位军官,语调缓慢而严肃地说:"没有,但是这里都是绅士。"

格兰特将军的一个很大特点,就是他的纯洁。人们从来没有听到过他有什么不纯洁的想法,或是任何其他形式的带有猥亵意味的东西,他说过的每句话都可以在女士面前重复。如果要指派一个人去完成一项工作,而格兰特了解到那个人的道德有问题,那么,他是无论如何也不会指派他去的,即便他为此要承受巨大的压力。

有一次,他在国外的一个城市参加一个晚宴,席间交谈中有人讲了一些逗趣的低级小笑话。这时候,他突然站起来说:"先生们,请原谅我,今天我先退席。"

如果你拥有纯洁,你就拥有了高尚人格的标志。

只要一个人坚持培养自己高尚的情操和仁慈的胸怀,并坚持去发展自己各种高尚的情趣,那这个人就可以成为自己渴望中的样子。

另一方面,如果他对自己不纯洁、可鄙甚至是恶毒的想法不加控制,那他的灵魂就会被这些想法扭曲。这样的人在人群中就像一条毒蛇,人人惟恐避之不及。他的生活就是可耻的欺骗,而他的结局必然是悲惨的死亡。

所以,请保持自己人生档案的清白。如果一个人的心灵是不纯洁的,你很难设想他的思想是纯洁的,他的谈话和他整个的生活是纯洁的。透明纯净的性格,其价值是无法估量的。

有时候,有人喜欢这样评价一个人:"我喜欢那个人,他很真诚,很坦率,你可以信赖他。"

我们需要的纯洁,不是那种通过与世隔绝来保持自身的纯洁,而是在纷繁复杂的世界里保持的高尚纯洁。即便是身处最恶劣的环境之中,也要像出淤泥而不染的青莲,开出最美丽纯洁的花朵,姿态高洁,一尘不染。

要像你躲避犯罪的诱惑一样,努力躲开那些邪恶的想法,一刻也不能允许它们在你的头脑里停留。一旦你的心灵上留下它们的印记,就很难去除。即便只是看一眼坏的图画或坏的书,许多原来美好平静的生活就有可能因此被破坏。

随着生命的延续,思想的留声机会不断地重塑你听过的坏故事,一直到生命的最后一刻。所以，不要听哪怕是一个坏故事，因为你永远也不能从你的生活中抹去这个印记，这可恶的声音将永远缠着你。

内科医生告诉我们，人身体中的一些部分每7年就会更新一次；但是，不论是在人间还是天堂，没有任何化学方法能把一个坏的画面完全从我们的脑海里移走。就像埋在庞贝城的图画，即便过去了很多个世纪，它们的图案和色彩也没有一点变化，仍旧像当年一样栩栩如生。

丹麦的玛蒂尔德女王身陷狱中时，在她的窗户上这样写着："哦！保持我的纯洁吧！让其他人幸福吧！"这也应该是我们所有人的祈祷。

犹大树在长出叶子之前会先开花，它的花朵色泽艳丽、芬芳迷人。这些娇艳的花朵引来了无数的昆虫，蜜蜂也拥来采蜜。但是，采集花蜜的蜜蜂都沾上了犹大树中致命的毒药，很快就死去了。在这长着诱人花朵的树下，躺满了因受致命的眩目诱惑而丧命的受害者。

各种罪恶都会带来惩罚，这是千真万确的！因为恣情纵欲，多少人的双眼被蒙蔽了；自然的平衡被破坏，所有的美好感觉都被摧毁；心灵中再也没有了尊贵和崇高的容身之所，只有思想的垃圾和糟粕留了下来。人失去了纯洁，也就意味着失去了自己。

"不道德的人是永远不会快乐的。"伊壁鸠鲁这样说。

7.永远的无冕精神之王

"仅仅穿上红黄袈裟，假若就成喇嘛，那湖上金黄色野鸭，岂不也能超度众生？"仓央嘉措不知不觉已成为青藏人民心中最有生命活力、最有魅力的达赖,永远的无冕精神之王。

他从海边走来,带着深邃无底大海的灵魂,他领略过世间万物生命的源头,那是少经扰动的净土,它容纳百川,滋养着万物,它的灵魂让人敬畏。

他从高山走来,带着鸟语花香高山的灵魂,他聆听过山鹰草虫啼鸣的天籁,那是少经干扰的生态,它吸纳灵气,包容着生命,它的灵魂让人憧憬。

他从草原走来,带着天边斜垂草原的灵魂,他引领过风吹草低马走的风景,那是少经雕饰的天然,它映衬天地,哺育着生灵,它的灵魂让人向往。

可见,灵魂主宰着一个人的意识,在精神的引领下散发着高贵的气息。灵魂是感性的,随着一个人的性情改变而改变,高贵的灵魂是一个人的禀性和气质,同时释放优雅的气息。它能超越意念,侵占我们细胞的每一个角落,毫无保留地将它渗透融合,与肉体结合成为一个有思想的生命,且保留着柔情。灵魂又是理性的,是灵魂与血肉之躯的镕铸结合,获得高尚的使命,给人庄严。你的身体中流淌的刚柔血液,历经沧桑凝重的岁月,沉淀下来的是睿智与机敏。高贵的灵魂让我们寻找生命的责任,那是对生活的热爱,可以乐此不疲,呼吸灵魂与感性所混合而成的芬芳。

灵魂与感性完美结合,有可能让你成为哲学家或诗人;灵魂与理性完美结合,则有可能让你成为领导者或企业家。灵魂受礼于光明的天堂,就会流露出一个人的真善美;灵魂沉溺于黑暗的地狱,则会暴露出一个人的假恶丑。

当你专注于某件事情而无法自拔的时候,你能深切体会到你的灵魂在你的体内流转,并不断释放出能量,等能量聚集到一定程度时,你就可以在自己的灵魂世界里穿梭自如。那是高贵灵魂的悸动,也是人类伟大之处。

高贵的灵魂是不受侵犯的，马克·吐温的"在衣着上你可以不修边幅，但切不可让灵魂染上污点"；蒙田的"物质上的不足是容易弥补的，而灵魂的贫穷则无法补救"；罗曼·罗兰的"你们的理想与热情，是你航行的灵魂的舵和帆"。

高贵灵魂者用灵魂来演绎自己的人生，无论生活窘迫还是安逸，他都能用高贵的灵魂描绘出内心对生活的热爱。

印象画派大师莫奈就是高贵灵魂者的代表，他内心充满了对大自然的热爱，能将灵魂、灵性与大自然融为一体，在生活几度贫困潦倒的时候都不曾放弃对画画的追求。他的经典之作《睡莲》颜色丰富鲜艳但不轻浮，让人感觉有一种沉淀，那是岁月沉淀下来的沧桑美丽，他的灵魂宛如画中游。从他的画中，你可以感受到有一种力量在亲近你。

那便是高贵的灵魂，高贵的灵魂是"随风潜入夜，润物细无声"的心灵，是"结庐在人境，而无车马喧"的心境，是"沉舟侧畔千帆过，病树前头万木春"襟怀。只有真正热爱生活的人，透过静心，才能寻找到自己的灵魂和本性。

延伸阅读:

练习题:寻找魅力自我

想一想，人们喜欢你的什么？赞美过你的什么？
它也许是外在的特征，例如一个很讨人喜欢的微笑，一个称赞别人的习惯,甚至是与动物的友好相处。这些特征会成为你获得更高魅力指数的起点。(在这里,你可千万不要过分谦虚。如果别人认为你的眼睛很可爱,一定要记下来。总之,你经常听人提起的通常就是你真正具有的魅力。)

拿出一个小小的笔记本作为你个人的魅力日记。记住,随时带支笔,因为你永远不知道什么时候会突然冒出一个灵感。

在第一页的上方写下"我的魅力自我"。

针对下面的问题写出答案:

(1)努力回想一下上一次别人称赞你的话。想一想是哪一天?什么时间?用了哪些词?那时你正在做什么?写下你做了什么事别人才这样称赞你,以及你听到类似称赞的次数("很少"、"偶尔"或"经常")。

(2)想一想别人对你的称赞,从中选出你最喜欢的一个。注意,这个称赞与最具魅力的你算得上是完全吻合的。比如说,如果你曾经很努力地想改善你的幽默感,而上个月老板说你这人挺有趣,那就写下这个称赞,并且记下来你是做了什么才赢得对方对你的称赞的。

(3)想一想谁对你最着迷。不要选家庭成员,要选一个没有义务讨好你的人,这个人在别人面前会热情洋溢地称赞你。在魅力日记上写下他的名字,是什么使他由仅仅认识你变为热心支持你的呢?是不是你做了什么好事?把它写下来。如果让他说出你最有魅力的地方,他会说什么呢?把这个也写进你的日记里。

(4)如果求职面试要求你写出自己最好的一面,你会写什么呢?把它们写下来。

(5)除你的配偶和合伙人以外,选出一名对你很有好感的家庭成员。最让他欣赏的是你的哪个特征?把这个人的名字及这些备受欣赏的特征写下来。如果你写不出来,那就试一试这个方法:如果他要把你介绍给未来的雇主或结婚对象,他会怎么提到你的优点呢?

(6)想一想你最好的朋友或你的另一半,如果要他列出你最特别的两个地方,它们会是什么呢? 如果说不上来,请想一想他会怎样赞扬你,请写下这些赞词以及激起这些赞美的特别之处。

(7)想出一位榜样(你所仰慕或想迎头赶上的),他也许是一个当红明星、一位历史人物或者一个生活中的熟人。重要的是这个人拥有一些你想拥有的特征,写下他的名字以及他最吸引你的两个特征。

(8)选一位在日常生活中每天都在影响你的人。他也许是一个朋友、一个家庭成员、一个同事。你发觉自己正有意无意地模仿他的行为举止。他刚用了一个新词,一周以后,你也开始用了;他有一个习惯,你会模仿它。他的影响也许来自你们经常的接触,也许是因为你被他的思考方式所吸引。写下这个人的名字和你最喜欢的两个特征。

最美遇见你

第七章

信仰与人生
——给心地净土,能够生出净信

　　仓央嘉措更像是一位众生的佛,他拂去了我们灵魂上的尘土, 在某个瞬间, 还原了一个本来自我,从某种程度上说,他是很多人的信仰——借由他和他的诗歌,我们可以更加清醒地对待感情,对待生命。

1.信仰是内心的灯塔

什么是信仰？如果说所有人都有宗教信仰的需求，那未免绝对。因为在现实生活中，的确有许多人没有宗教信仰，也不曾意识到信仰对于人生的作用。尤其在中国社会，许多人对宗教都缺乏正面认识。在这样的前提下，信仰需求或者被扼杀在摇篮中，或者转化为其他需求。至于那些终日为衣食奔忙或沉溺声色的人，更是从未思考过人生大事，自然也觉得信仰可有可无。

但信仰所关注的是人生大事，包括生从何来、死往何去，包括对人生价值和生命自我的认识，也包括心灵的关怀及烦恼的解脱。这些都是人类永恒的问题，不会因为我们的忽略而不存在。事实上，但凡有思想的人都可能碰到。一旦涉及这些问题而又没有信仰作为支撑，人生就会陷入迷茫之中。

仓央嘉措为我们还原了一位"最美的佛"，一位"集最浪漫的爱情与最笃定的信仰"于一身的修行者。在他看似放荡的生活背后，是对信仰的虔诚，对众生的慈悲。

经由这位伟大的修行者的"指点"，很多人会更加清醒而自在地生活，更加理智地珍惜生命和爱情。

所以，信仰其实就是我们每个人内心的灯塔。对于信仰来说，像咒语之类的外在形式都是次要的，最重要的是内心的信念和对自己信仰的恭敬。

传说很久以前，在西藏有位妇人，她对慈悲救苦救难的绿度母很是崇敬。

有一天晚上，附近的魔鬼们来捣乱。他们设法让妇人跟她的丈夫吵架，只要他们夫妻俩有一个被气得离家出走，就在路上取其性命。妇人一时气不过，果真独自出了家门。

当她走到一座桥上的时候，突然想起人们常说这座桥附近经常有鬼出没，妇人感到非常害怕，便口念绿度母心咒祈求绿度母的保护。由于过于紧张，妇人只记得一半咒语，但她还是在心中非常崇敬地念着那半句咒语，结果妇人安然无恙地过了桥。

后来，那几个在他们家作怪的鬼来问守在桥边的鬼："我们已经成功把妇人引到桥边了，你们将她推下桥没有？"

那守在桥边的鬼生气地回答说："哪里有什么妇人经过，我就只看见了绿度母从这儿走过去，我哪里敢惹她啊！"

人们在年轻时会有许多理想和追求，当他们将全部精力投入其中时，或许还意识不到信仰的意义。随着人生阅历的丰富，对世俗生活的虚幻才会有深切的体会。尤其是到"老来岁月增作减"的时候，名利地位也好，家庭事业也好，与即将到来的死亡相比，似乎都显得不再重要。所以，人们在晚年更需要信仰的支撑，这也是信徒中老年人居多的主要原因。也因此有人认为，信仰只是老来的安慰，年轻时关注信仰还为时过早。

就佛教来说，既有出世的层面，也有入世的层面，绝非消极避世。它所关注的不仅是生死大事，也包括对现实人生的改善。佛陀在《善生经》中对世人如何处理家庭关系、如何看待财富等问题作了非常具体的开示。如果我们年轻时就依教奉行，会少走很多弯路。反之，若一生为欲望奔忙操劳，且不论结果如何，难免会沾染许多不良习气，老来想要改变也往往力不从心。同时，对信仰的实践也需在年富力强时进行。

弘一法师曾说："佛祖奚以利于人，而所以异于人者，能自护心念耳。"他认为佛祖能够异于常人的主要原因是他能拥有自己独立的心思与想法。佛祖不同于旁人之处不在形体上，而是在心灵上，心灵上的超脱使得佛祖能够不同于他人。

其实，任何宗教徒，不管是佛教、基督教、天主教，当你一看到塔庙，真正诚恳无所求地拜佛，那一念的尊敬，就是心灵的信仰。

2.净土方能生净信

佛家有首插秧诗："手执青秧插满田，低头便见水中天，六根清净方为道，退步原来是向前。"

心境清净到极点，心地上的净土便能够生出净信。

宋朝时期，有一位法远禅师，当他听说北方有一位得道高僧后，就邀上几个同伴，一行八人从南方千里迢迢步行到北方去参访名师。

他们走了几个月才赶到那所北方寺院。依照规矩，他们要进客堂挂单，可是从早上一直等候到中午，也没有一个人出来招呼他们。寒冷的风呼呼地吹着，他们几个人在外面又冷又饿，有4个人因为无法忍受饥寒而离开了。剩下的几个人一直等到天快要黑了，但还是没有人理他们，于是又有3个人离开了。在天完全黑下来的时候，只剩下法远禅师一个人仍在那里等待。

寒风一直吹着，又冷又饿的法远禅师手脚都麻木了，但是为了求佛法，法远禅师下定决心，不管遇到什么困难，他都绝不退缩。这时，寺里走出来一个知客师父，他毫不客气地斥责道："喂！你哪来的回哪去，别赖在这里不走！"

法远禅师坐在那里一动也不动，他诚恳地向知客师父表明自己求法的虔诚。但知客师父完全不听他的解释，还是对他训斥道："没人搭理你，你就该识趣地走开，还在这里啰嗦什么？"

法远禅师依旧端庄地坐着。知客师父回身捧来一盆水，从法远禅师的头顶浇下去。法远禅师更加感到冷冽刺骨，但他却还是八风不动地端坐着，并缓缓说道："我千山万水来到这里求佛法，难道这一盆水就能把我赶走吗？"

法远禅师成功在寺里挂了单，但挂单以后，法远禅师的生活更加难过了，他每天都要一个人煮饭给好几百个人吃。法远禅师看到寺里僧人们喝的菜汤清得连拿来洗衣服都不会洗浊，实在不忍心，就拿了点油掺在锅里，大家吃得非常高兴。当家师父知道这件事后，立刻把法远叫来骂道："你怎么可以拿常住的油做人情，煮饭给大家吃呢？你必须要赔常住的油！"

"我没有钱赔啊！"法远禅师双手合十，回答说。

"没钱赔？那就把你的袈裟、棉被、铺盖留下来赔偿！"

法远禅师所有的衣物都被充作了赔偿，然后又被赶出了寺门。一无所有的法远禅师不顾风吹雨淋，每天静静在山门外打坐。这样过了半个月后，寺里的主持发现他一个人坐在长廊上，认出他就是因添油下菜被牵单开除的法远，于是责问说："你怎么还坐在这里没走啊？你坐多久了？"

"半个月了。"法远恭敬地答道。

"什么？半个月？你在这白白住了半个月？算房租！交房租！"住持不满地说道。

身无分文的法远禅师哪里有钱付房租，只好到处诵经来还债，虽然十分艰苦，但修学佛法的愿心却始终没有放弃。

寺里的住持看到法远能经得起火煎冰冻的考验，并且毫无怨言，已经达到了佛经上说的"舍弃忿怒，灭除慢心，超越一切束缚，不执著心和物；无一物者，苦恼不相随"的境界，便请他接掌住持的职位。

清净心没有境界，心不清净，就容易产生攀比心。生活中有很多值得我们羡慕的对象，他们看上去拥有很多，看上去比一般人更为幸福快乐。可是，我们一味地羡慕又有什么用呢？既然羡慕，何不采取行动，想想如何把自己的生活经营得更为幸福？临渊羡鱼，不如退而结网。想要得到鱼，只站在江边看是没用的，回去织就一张属于自己的幸福渔网，才能捕获幸福。有时候，向后退一步，我们会得到意想不到的收获。

3.从内心去原谅别人

佛说：一个人如果不能从内心去原谅别人，他就永远不会心安理得。

传说在仓央嘉措老家错那地区，当地的门巴人从不吃自己养的畜禽。他们只吃买来的、别人杀的或猎获的东西，而自己养的只用来交换。这绝不是虚伪，而是一种培育恻隐之心的方式。仓央嘉措从小在这样的环境中长大，"虽然自己遭受百般痛苦不堪回首，却在内心祈求佛祖连我的仇人都不要重复我的经历"。

的确,尽管他的一生是个悲剧,但是他原谅了生活中的所有,对受到的伤害给予了大度与宽容。没有宽广的胸怀和气度,是很难做到这一点的,这也是为什么西藏的老百姓至今仍喜欢他的原因。

十年前,寺院里有一个惹人喜爱的小沙弥,但他却在一天夜里偷偷下了山,从此,他沉迷在红尘世界中,尽情地放浪着自己。

十年后的一个深夜,已到中年的他陡然惊醒,忽然对十年来昏昏噩噩的生活忏悔起来,继而急急赶往山上的寺院去找自己当年的师父,求取他的原谅:"师父,你能原谅我,再收我做一回弟子吗?"

方丈看着这个让他失望透顶的弟子,坚决地摇头:"不!要想我宽恕你,"方丈信手一指佛堂门外的石桌,"除非那石桌上会自己开出花来。"说罢,便转身离去了。

见师父态度坚决,中年人只好绝望地离开了寺院。

奇迹就在当天晚上发生了。方丈一大早打开门,眼前的景象让他惊呆了:石桌上真的开满了大簇大簇五颜六色的花朵,那些盛开的花朵簌簌摇摆着,每一朵都芳香逼人,似乎是在急切地呼唤或宣讲着什么。

方丈在一瞬间大悟。

他连忙派人下山去寻找那个弟子,却始终没能找到。

石桌上那些奇迹般绽放的花朵,也在短短的一天时间内凋零了。

方丈圆寂之前对身边的弟子们说:"你们千万要记取我的教训。在这个世界上,没有什么歧途是不可以回头的,也没有什么错误是不可以改正和原谅的。一个真心向善的念头,便如石桌上开出的花朵一样,是世上最罕有的奇迹。"

方丈的遗言令他的弟子们陷入了沉思。

释迦牟尼佛创立佛教初期，在传教时遇到了很多困难和麻烦，甚至有人对他恶意挑衅和人身攻击。

有一天，释迦牟尼佛正在街上走着，一个非常仇视佛教的婆罗门看见受世人尊敬的佛教开创者一个人在街上走着，就心生一条毒计。

他抓起一大把沙土，悄悄地绕到释迦牟尼佛背后，然后趁其不注意，向他头上扔去。

然而，就在沙土扔出去的一瞬间，一阵风突然向婆罗门吹来，沙土也在风的裹挟下向他飞去，结果撒了他一头一脸，这位婆罗门顿时变得十分狼狈。

他气得满脸通红，但又不好发作。看着这一切发生的行人都在一旁嘲笑他。面对大家嘲讽的目光，那个婆罗门羞愧得恨不得找个地缝钻下去。

正在这时，婆罗门的耳边响起了释迦牟尼佛洪亮而又平静的声音："如果想陷害心无邪念的人，或者想污染清净的东西，罪恶反而会伤了自己。"

婆罗门顿时恍然大悟，不好意思地低下了头，开始反思自己的行为。

在很久以前，有一个办事认真、禀性清廉的婢女，她经常为主人炒麦豆。

在婢女炒麦豆的时候，主人家有头公羊常去偷吃麦豆。主人发现麦豆分量不足后，就责怪婢女，也不再信任她了。

婢女气愤地打羊出气，多次挨打的羊也愤怒了，它用自己的角来撞婢女。这样一来二去，婢女和羊的矛盾变得越来越深。

有一次，婢女空手去整理火盆中燃烧了一半的木炭，那只经常挨打的羊看她手中没有拿木棍，就乘机冲上来用羊角顶她。

婢女慌忙之下，把一个正在燃着的木炭扔在了羊背上，羊毛立马就燃了起来，被烧得像一团火球的羊东奔西跑。羊在奔跑的时候，身上的火点燃了村庄,也烧着了山野。林中的小动物们在大火袭来的时候,因为逃避不及,都被烧死了。

天帝看到这件事后,对天神们说道:"谁会料到婢女与羊的斗争,会造成如此大的危害呢?看来,无休止的怨恨与争斗只会衍生出恶果。我们也必须从这件事上吸取教训。"

两个人无休止的纷争, 很可能会危及他人, 只有用包容的心看待世界,才能与人和平相处。佛家认为:不宽恕众生,不原谅众生,是苦了自己。不肯宽恕别人的人是可悲的。

4.诗歌是信仰对生命的丈量

有评论家说,《达赖六世情歌》不仅有很高的文学价值和欣赏价值,更被历史上的藏传佛教诸大德们视作修心过程中最为隐秘的甚深清义的特殊表达。"情歌"是高僧大德对佛教和藏传佛教精髓的宝贵开示,令人在欣赏情歌、秘传的同时获得心灵上的洗礼。

林语堂在《吾国与吾民》中说,诗词就是中国人的宗教。学者于丹对此十分认同:"我们很多的功业是属于生活层面的,但诗意是一件生命层面的事情。"她说,"如果没了诗意在我们生命深处的这份平衡,我们在生存层面上又何以去担待这个时代给我们的一切喜忧呢?"

诗歌是人在生命深处潜藏着的一种节奏和韵律, 不是茶余饭后的谈资,也不是在求职和写情书的时候说句子,而是我们沉重人生中一种轻盈的平衡。

藏族文学里面大量是古体诗,很少有小说,诗是藏族文学的基础。藏族把诗定义为"大地上的水,自由流动;天空中的云,自由飞翔;草原上的马,自由奔驰"。诗的核心就是"自由",结构是自由的,题材是自由的,思想和意境也是自由的。诗就是自由流动、自由飞翔、自由奔驰,像水,像云,又像马,所以诗词是文学的最高境界。

《格萨尔王传》是已知的世界上最长的诗,在藏区,不仅是西藏也包括内蒙地区,有很多不识字的人,却能够背诵《格萨尔王传》中的诗,每天背八小时,几个月都背不完。诗是文学很重要的基础,《萨迦格言》既悠长又优美,它是藏族文学的典范,其中绝大多数都是"官员"、高僧所作。

诗是小说、散文创作前的必修科目。过去很多搞文学的人,读好诗、会写诗才可以创作小说、散文等其他形式的文学作品;没有读过诗,不会写诗,仅仅只会创作小说、散文,严格来说,不能称为真正有功底的大家。

历史上,官员都是从文人中产生,过去,琴棋书画诗样样在行才是文人。如果不学无术的人进了官场,原本复杂的官场就会变得更加复杂;如果官员热爱文化,追求文化,又有信仰,那起码会淡泊名利,不受权利和金钱的诱惑。

要搞好诗歌创作,一需要刻苦钻研、精益求精,二需要诗人有较高的思想境界。要想写诗,首先要读很多的诗,也要看很多关于古体诗的理论著作,才能写出真情、纯静、自然的诗。写诗,选词,造句,着实需要煞费苦心。杜甫的"语不惊人死不休"是人所共知的;王安石的"春风又绿江南岸"是诗人几度考虑才选出来的;"红杏枝头春意闹",王国维把这种炼字功夫同文艺理论境界挂上了钩。

同时,诗歌创作也离不开作者的境界。一个人的境界高低怎么衡量?第一看他的交友,第二看他的爱好,第三看他的追求。现在有些人交什么样的友呢?有人捧大款,有人捧大官,认为有官就有权,有权就有钱,有钱就有了一切。所以，一个人能为了自己的爱好、为自己喜欢的事业而刻苦钻研、精益求精是很不容易的，特别是古体诗的创作，没有精益求精的精神是出不了大作的。

官职就像衣服，一件一件穿上，然后又一件一件脱去，任何官员都有卸职离任、告老还乡的一天，这时就要有点精神追求，否则，难免心慌失落。官员要有所追求，离任后干什么？那就是追求自己的爱好，这样才不会有失落感，更不会有寂寞感，因为对文化的追求永远都有价值，永远不会过时，可以永远让人精神百倍！

5.信仰让你遇见更好的自己

很多专家认为，从现在的角度看，仓央嘉措写的那些情歌，并非都是写男女爱情。很多藏传佛教的高僧大德都相信，《仓央嘉措诗歌》里的很多句子虽然从字面意义上看似乎是描写男女情爱，但实则宣讲佛教义理，是在以或暗示或譬喻或代指的手法，表达佛学中的某些观念。

实际上，即使在青少年时代曾游戏酒肆、游走花间，但作为达赖喇嘛的仓央嘉措并非如一些人误解的那样，将全部心思都花在声色犬马之中。相反，他是一位深有慧根的活佛，短暂的世俗享乐，只是他从众生苦乐的体验中顿生厌离之心，从而走向更加坚定的信仰之旅的一个过程而已。

在我们的理解中，宗教需要一个神，我们通过虔诚的祈祷，通过供养，来得到神的保佑。然而，经由仓央嘉措的故事，我们发现，活佛也只是人，而真正能左右我们命运的只有我们自己。

人生在世,好或坏的结果并不是任何人赋予你的,也不能被当作一种赏罚。你有没有静下心来仔细想过:你现在的状态,真的就是自己应该有的状态吗?你现在的生活,就是你必须得到的生活吗?现在的你,就是最好的那个你吗?

科学家曾经证明:一般人的一生对自己潜能的使用率只有2%左右,即使是最优秀的科学家——像爱因斯坦,也才利用了自己10%的潜能。大部分人并不太了解自己还有些什么才能。其实,与应该取得的成就相比,我们还有绝大部分的能力是处在沉睡状态而未被开发出来的。

现在请你想想,你对现在的自己满意吗?既然你我都有这么多未加开发的潜能,为何不能做得更好一点呢?是满足于现状的安逸,还是缺乏进取的信心?不管何种理由,不去争取自己的发展,满足于现状,停滞不前,都是懦弱和愚蠢的表现。

"你以为我做了司机就满足了吗?我的目标是做铁路公司的总经理!"当青年弗里兰怒气冲冲地对铁路老工人说出这番话的时候,他还只是一个在一辆三等火车上加煤炭的初级工人,月薪只有40美元。老工人之前对他这样说:"你现在做了添加煤炭的工人,就以为自己是发财了吗?但我老实告诉你,你在现在这个位置要做上四五年以后,才会升为月薪100美元左右的铁路司机;如果你幸运地不被开除的话,就可以安然地做一生的司机!"当听说自己可以得到一个安稳的工作终其一生的时候,他并没有满足,反而觉得这是对自己能力的低估,觉得最好的自己不止是如此。后来,他真的做到了。一步步地努力,最终让弗里兰成为了后来美国大都会电车公司的总经理。

不满足于已有生活的安稳和平衡,相信自己可以做得更好,才能不断向前发展。成功的大门只向永不满足的人敞开!

在你的生活中,不管你的目标是什么,你要做的就是不断把它向前推进,不断要求自己做得更好。也就是说,你自己的发展和对自己能力的期望是不应该有界限的。即使能力是有限的,也要不断向前,"向上爬",做更好的自己的信念才是最关键的。它是一种态度,一种积极的求索目标。比如,你要求自己今天多对人微笑一次、工作少出一次差错、改进一点人际关系、多认识一个客户、多做一件有意义的事情等,这些都可以视为自己进步的表现和激励。

对于人的一生而言,没有什么比进取心更重要,这种态度影响着你对自己的评价和对未来的期望。如果你的态度是消极而狭隘的,那么,与这对应的就是平庸的人生。你必须以高于普通人的眼光来看待自己,否则,你就只能做一个小职员。你必须坚信自己能拥有更高的职位,以督促自己努力得到它。不要怀疑自己有实现目标的能力,这种不自信只会削弱你的决心。只要你在憧憬着未来,就是在向着目标前进。

6.把暂时的落寞当成一次小憩

在人生的海洋中航行,不会永远一帆风顺,难免会遇到狂风暴雨的袭击。在巨浪滔天的困境中,我们更要坚定信仰,随时赋予自己生活的支持力,告诉自己"我一定能应付过去"。

而当我们拥有坚定的信仰时,困难便会在不知不觉中慢慢远离,生活自然会回到风和日丽的宁静与幸福之中。唯有相信自己能克服一切困难的人,才能激发勇气,迎战人生的各种磨难,最后成就一番大业。

人生本来就要经历一个起起伏伏的过程,身处低谷,并不可怕。当遭遇低谷时,不要为处境而感到惶恐,更不要沮丧、消沉甚至绝望,要相信未来,寻找希望。溪流遭遇悬崖,纵身一跃而成就瀑布的壮美;枯枝面对霜雪,傲然挺立而拥抱姹紫嫣红的春天。人处低谷,看到的都是上山的路。低谷是人生的一道风景,也是一笔财富,更是一次难得的锻炼机会,人生往往因此而精彩。

人生在世,不可能事事顺心。如果面对挫折时能够虚怀若谷、大智若愚,保持一种恬淡平和的心境,便是彻悟人生的大度。

仙人球这种植物长得很慢,三四年过去了,仍然只有苹果大小,甚至看起来还有些未老先衰。它们总是被放在阳台上不显眼的角落里,一年两年,渐渐被人忘记。然而,有一天,它能突然从阳台角落里长成一支长喇叭状的花朵,花形优美高雅、色泽亮丽,数年的默默无闻换来一朝的绚烂绽放。

都说古来圣贤皆寂寞,很多时候,也许我们的才能没有被领导及时地发现,像仙人球一样被安置到了角落里。这个时候的落寞只有自己忍受,那是一场痛苦的挣扎。然而,如果我们能抛开失落带来的消极情绪,在角落里默默地积蓄力量,就算是一棵不起眼的小仙人球,也能开出令人惊叹的花。

正如马克思所言:"一种美好的心情,比十副良药更能解除生理上的疲惫和痛楚。"在人生的跑道上,不要因为眼前的蝇头小利而沾沾自喜,也不要因为暂时的困境而自暴自弃,应该将目光放长远些,只有取得了最后的胜利才是最成功的人生。

想要得到快乐,就必须具备承受痛苦和挫折的能力。这是对人的磨炼,也是一个人在成长过程中无法避免的磨难。当我们遭遇挫折时,往往会感到失落迷茫,缺乏安全感,难以安下心来,工作和生活都会受到影响。这个时候,我们必须理清头绪,再接再厉,锲而不舍。既然你的目标不变,而现阶段的努力又无法达到自己的愿景,那就将努力的程度加倍吧。

如何对待挫折,化不利为有利,尽快从困境中摆脱出来,对一个人的成长进步和事业的成功有很大影响,这也能体现一个人的胸怀是否开阔。真正的智者,能够正确地看待失败,他们会从失败中找出自己与别人的差距,吸取教训,韬光养晦,以求最终获得成功,战胜对手。

"我们人的生活方式有两种,第一种方式是像草一样活着,你尽管活着,每年都在成长,但是你毕竟是一棵草,虽然吸收雨露阳光,但是长不大。人们可以踩过你,但是人们不会因为你的痛苦而产生痛苦,不会因为你被踩了而来怜悯你,因为人们根本就没有看到你。我们每一个人,都应该像树一样地成长,即使我们现在什么都不是。但是,只要你有树的种子,即使你被踩到泥土里,也依然能够吸收养分,使自己成长起来。当你长成参天大树以后,即便是在遥远的地方,人们也能看到你,进而走近你。活着是漂亮的风景,死了依然是栋梁之才,活着死了都有用。这就是我们每一个同学做人的标准和成长的标准。"

"每一条河流都有自己不同的生命曲线,但是每一条河流都有自己的梦想,那就是奔向大海。我们的生命,有的时候会是泥沙,你可能慢慢地就会像泥沙一样,沉淀下去。一旦你沉淀下去,也许你就不用再为了前进而努力,但你也永远见不到阳光了。所以,我建议大家,不管你现在的生命是怎么样的,一定要有水的精神,像水一样不断地积蓄自己的力量,不断地冲破障碍。在时机未到的时候,把自己的厚度积累起来,这样,当有一天时机来临的时候,你就能够奔腾入海,成就自己的生命。"

正如俞敏洪说的,人生需要积蓄力量,才能不断前行。面对曲折压迫,弱者只有无谓的唉声叹气,希望以一抹眼泪求得别人的施舍。然而,在优胜劣汰的生存环境中,能够立足于世界之林的都必须是强者,因为他们知道如何直面现实,正视挫折,暗中积蓄力量,"一旦红日起,依旧与天齐"。

7.成为最好的"你自己"

很多人亲近佛法是因为现实中遇到的问题用他们既有的价值观和智慧解决不了,比如死亡、失恋、失业等。

中国社会有个通病,就是希望每个人都照一个模式发展,衡量人们是否"成功",采用的也是一元化的标准:在学校看成绩,进入社会看名利。各行各业,对一个人成功的评价,更多地是以个人财富为指标。但是,有了最好的成绩就能对社会有所贡献吗?有名利就一定能快乐吗?

据说佛陀也不知道什么叫成功,就化装来到人间,想问问别人什么叫成功。

佛陀问第一位先生:"请问,您认为什么叫成功?"

那位先生不假思索地说:"成功就是当大款,有空闲,兜里有钱。"

佛陀又问了第二位先生:"先生,您认为什么叫成功?"

那位先生想了一会儿说:"成功就是做大官,有权有势。"

佛陀接着又问第三位先生:"您怎么看待成功?"

结果第三位就说:"成功就是当名人,因为当名人能够前呼后拥、无限风光。"

佛陀听了这几个人的回答,没有听出个所以然,说:"你们就直接说什么是成功,什么是成功的标准吧!"

结果,这三位先生都面面相觑,哑口无言,最后憋出一句话:"噢!佛陀!成功的标准我们也不知道,反正那东西不是我们定的。"

佛陀想：换个方法或许能够了解什么是成功。于是，佛陀变成一位妇人来到公园，看见一位母亲正带着孩子在公园里嬉戏。

佛陀走过去问："这位女士，我是个有钱人，您觉得我和您相比谁更成功？"

那位女士看了佛陀一眼说："您是个富人，但我觉得自己更成功。在家里，我是丈夫贤良的妻子、孩子慈爱的母亲；在企业里，我是优秀的员工；在社会上，我是守法的公民。我每天过得平淡而又快乐，您只不过是有钱而已，但是您真的快乐、幸福吗？您能告诉我什么叫成功吗？"

佛陀听了女士的话，默默无言。之后，他又化装成一个名人，看到有一个骑自行车的年轻人从旁边经过，就把他请了下来。

佛陀问："这位先生，冒昧地问您一下，我是一位名人，住的是豪宅，开的是名车，您却骑着自行车。您说，你我之间谁更成功呢？"

那位骑自行车的小伙子打量了佛陀一眼，说："我虽然没有出名，但是我有充足的自我空间，能够自主地支配自己的生活。我可以下班后骑自行车出来遛弯儿，想看书就看书，想欣赏音乐就欣赏音乐。工作完成之后，我可以自由地安排自己的时间，能够与自己的家人、朋友经常团聚，享受生活所带来的快乐，我觉得我过得非常舒适。但您这位名人，我想恐怕没有什么自由，说不定连结婚都不敢对别人说，出门都要戴墨镜，吃饭都要坐角落，您完全像是关在笼中的金丝鸟，您说咱俩谁更成功呢？"

佛陀听了这些以后若有所思。于是，他又往前走，看见一位老农在地里耕田，于是，佛陀把老农请过来，问这位农民："我想问您，我是一位有钱人，是一位名人，您是一位做农活的先生。您能不能告诉我，是您成功还是我成功呢？"

结果，那位老农说："俺不知道什么叫成功，俺只知道，就凭俺这双手，凭俺自己的辛勤劳动，俺已经把4个孩子都送进学校去了，而且，现在他们对社会都有所贡献，俺觉得非常满足、非常幸福。"

佛陀说："您这样辛苦劳动才够供4个孩子读书，但是我的钱足够供40甚至400个孩子读书，您不觉得我比您更成功吗？"

那位老农笑着说："是的，俺相信。不过俺想，可能您没有俺的这种自豪感。俺是一个农民，就靠这双手，去辛勤耕耘这些田地，用劳动来供俺的4个孩子去读书生活，俺觉得俺的自豪感、成就感可能要比先生您强些。"

最后，万能的佛陀回来告诉弟子们这一天的经历："成功不是逼自己当上总统或成为亿万富豪，而是将自己最擅长的一面发挥到尽善尽美。世界上最可怕的事，不是战争、疾病与贫穷，而是信心崩溃。不要做一个光是羡慕别人的人，要做一个让别人羡慕的人。若你能肯定自己，这世上就没有人能够否定你。所谓成功，就是成为最好的自己。"

人生不是比赛，幸福和成功也不需要终点。许多在事业上很成功的人，他们的生活未必幸福；在生活上过得愉悦自在的人，未必拥有庞大的事业。只要你能认清这一点，你就会肯定一个事实：真正的成功和幸福是能接纳自己和肯定自己，让一切顺其自然。

美国作家威廉·福克纳说过："不要竭尽全力去和你的同僚竞争。你应该在乎的是，你要比现在的你强。"真正的成功应是多元化的。成功可能是你创造了新的财富或技术，可能是你为他人带来了快乐，可能是你在工作岗位上得到了别人的信任，也可能是你找到了回归自我、与世无争的生活方式。每个人的成功都是独一无二的。

最美遇见你

第八章

得失与人生
——活在当下，是真洒脱

　　活着的人，有活在过去的，有活在未来的，但能真正活在当下的，少！仓央嘉措可以算是难得的一个。他在一首诗歌里写道——纵使龙魔逐我来，张牙舞爪欲为灾，眼前苹果终须吃，大胆将他摘一枚。

1.参透得失的本质

人生总是有得有失,得到了这个,却失掉了那个。有的人很贪心,想把一切都攥在手里,失去任何一样东西都会感到不开心,这样就是没有参透得失的本质。

在得失之间,我们要有一颗平常心。在塞翁失马的故事中,塞翁失去了很多东西,但是唯一不变的就是他快乐的内心,他始终保持着一个平和的心态。

要以"得之我幸,失之我命"的坦然去乐观面对整个人生,拥有这样的心态,自然能够保持快乐的心境。

有一天,无德禅师正在院子里锄草,迎面走过来三位信徒,他们先向他施礼,然后说:"人们都说佛教能够解除人生的痛苦,但我们信佛多年,却并不觉得快乐,这是怎么回事呢?"无德禅师放下锄头,慈祥地看着他们说:"想快乐并不难,首先要弄明白人为什么活着。"

甲说:"我母亲今年80多了,身体不好,我总是担心她某一天会离我而去。"

乙说:"我要没日没夜地干活,才能够养活一家老小,我感觉很累,毫不快乐。"

丙说:"我今年都快30岁了,却连个功名都没考上,全家就指望我高中,可我却屡屡失败。"

听完三人的诉说,无德禅师想了想,说道:"难怪你们不快乐,是因为你们总是在计较失去的东西,总是在意生活里不好的一面。"

无德禅师先对甲说:"你的母亲身体不好,你要好好照顾,可是你家上个月不是新添了一个女儿吗?这不让人高兴吗?"

接着,他又转头对乙说:"你每天工作很累,但是你有一份正经工作,在村子里首屈一指,跟家人享受天伦之乐,这不让人高兴吗?"

最后,无德禅师对丙说:"村子里每一块匾都是你题的字,你读书最多,识遍天下,纵览古今,这不让人高兴吗?"

三人听后都恍然大悟。

有一位哲人说过:"世界上有两种人,他们的健康、财富以及生活上的各种享受大致相同,结果,一种人是快乐的,而另一种人却得不到快乐。"杭州灵隐寺中有一副对联,上联是"人生哪能多如意",下联是"万事但求半称心"。因失去一些身外之物而失去好心情,实在有点得不偿失。

在人生的道路上,每个人都在不断地累积着令自己烦恼的东西,包括名誉、地位、财富、亲情、人际关系、健康、知识、事业等。这些东西压得人们喘不过气来,使人们失去了原本应该享受的乐趣,增添了许多无谓的烦恼,一旦失去其中一种便会大为在意,甚至恼火沮丧,要"想办法夺回来"。

其实,人生就那么几十年,金钱、地位等一切都不能一直陪伴我们,为那些生不带来、死不带去的东西焦虑沮丧、患得患失几十年,实在太不值得了。所以,人生的本质就是快乐,每天都快乐地活,不是最好的活法吗?何必要为了一些身外之物黯然神伤、焦虑不已呢?

有个富人叫白正,他过得非常不快乐,听说在偏远的山村里有一位得道的高僧,他便把所有家产换成了一袋钻石,去找高僧。

他对高僧说:"高僧,人们说你无所不知,请问在哪里可以买到快乐的秘方呢？"

高僧说："我这里的快乐秘方价格很贵，你准备了多少钱，可以让我看看吗？"

白正把装满钻石的锦囊拿给高僧，却没有想到高僧连看也不看，一把抓住锦囊，跳起来就跑掉了。

白正非常吃惊，四下又无人，只好自己追赶高僧，可是跑了很远也没有见到高僧的身影，他累得满头大汗，在树下痛哭。

正当白正哭得厉害之时，他突然发现被抢走的锦囊就挂在枝丫上。他取下锦囊，发现钻石还在，一瞬间，一股难以言喻的快乐充满了他的全身。

高僧从树后面走出来，说道："凡人不懂得得与失的平衡，自以为失要痛哭、得要欢喜，只有抛却了这种观念，你才能真正感到快乐。"

白正叩谢禅师，回去之后开始劳动，每天都生活得很快乐。

人生最大的障碍和不自在，就是受外界的牵制。对外在虚假的认同，破坏了我们心灵的统一。绝对的本体是超越了时间、空间和因果律的范畴。"众生由其不达一真法界，只认识一切法之相，故有分别执著之病。"

很多人总是渴望获得那些本不属于自己的东西，而对自己拥有的却不加珍惜。其实，我们每个个体之所以存在于世界上，自有它存在的意义；每一个人都拥有自己的优点和长处，也有自己的缺点和短处。因此，安心做自己的人，才是智慧的人。

2."活在当下"的真正涵义

纵使龙魔逐我来，

张牙舞爪欲为灾，

眼前苹果终须吃，

大胆将他摘一枚。

——《六世达赖情歌》

对于不了解仓央嘉措的人而言,这位活佛最大的"亮点"就是每到夜晚就去歌舞升平,但是,即使仓央嘉措有过那样的生活,他的灯红酒绿、歌舞升平与众生也是不同的。

歌舞升平于我们或许是"吗啡"。当我们在事业、爱情、生活上受了伤,就去酒吧、歌厅找乐子,吸食这样的"吗啡"之后,我们会变得快乐,然后好了伤疤忘了疼。但,愚钝的生活又会使我们不得不重新揭开伤疤,结果却比上一次更疼。

但歌舞升平对于仓央嘉措而言,却像是一把鞭子,时刻提醒他,这是他的选择,既然选择了这样的生活,就要承担起未来的恐惧,而他能做的就是活在当下,好好享受生活。

"活在当下"的真正涵义来自禅。

人问禅师,什么是活在当下？禅师回答,吃饭就是吃饭,睡觉就是睡觉,这就叫活在当下。

两个人在昨天吵架了,今天,他们仍然怒气相对——他们这时就没有活在今天，而是活在了昨天。

人为什么会"不在当下"？这是一个复杂而有趣的问题。几乎一切职业、年龄、教育程度及智商的人，都一样有可能会因种种原因，而有"不在当下"的倾向。

许多人在走路或坐车时，很明显地在想心事，有些甚至皱着眉头，表情凝重，不知道在担心什么；又有些人不一定是在想某一件事，但他们整体的精神状态让人觉得他们存在于另一个遥远的地方，飘飘荡荡，不在原地；另外有些人总是要找一些事做来分散自己的注意力，如有人总是浑身是劲，不住地摇头摆尾，作跳舞状，或是不能仅停留在一节车厢似的，一直在作车厢间的"旅行"。总而言之，越看越会令人觉得实在很少有人是活在清楚明白的当下，在享受眼前的风光。

人往往会把自己保护在有重重防卫墙的内心世界里，而不肯出来面对真实的人生及世界。事实上，许多"创造行为"的产生，就是想要在自己心中创立一个自己想要存在其中的理想世界，而不愿生活在真实的世界里。有人老是会把自己弄得"很忙"，连一刻闲暇的时间都没有，或一有空闲就打电话找人聊天，一聊就是几小时，这些都是一种形式的不在当下。换句话说，也就是一种形式的"逃避自我"。

活在当下意味着无忧无悔。对未来会发生什么不去作无谓的想象与担心，所以无忧；对过去已发生的事也不作无谓的思维与计较得失，所以无悔。人能无忧无悔地活在当下，喜悦而不为一切由心所生的东西所束缚，就是当时修道成就者的写照。

不活在当下而活在另一个自我创立的世界里，无论那个世界有多美好，过这种生活的人其实都是痛苦的。依佛法的理论看来，道理很明显，因为那个世界"不真"。不真则处处和现实的世界及人生相冲突。如何跨越梦与现实的鸿沟，很少人能找到圆满的答案。而用自己的"心力"去维持一个不真的世界，本质上就是一件很累的事。故而，执著地活在假想的世界而不活在当下的人,想要不忧,恐怕很难!

的确,活在当下是一个人生命力的自然展现。当一个人能由自己种种的"心之世界"中走出来,不忧不惧地面对并观察真正的自我及人生时,他一定是个有"能力"而能饶益这个世界的人。他不一定能成大功、立大业,但他一定能善巧地把自己潜在的能力发挥出来,利益自己及他人,这就是儒家所谓的"惟至诚者能尽其性"。人能够"尽其性"而发挥自己的能力饶益众生,才会过得快乐。

3.转眼荣枯便不同

转眼荣枯便不同,
昔日芳草化飞蓬。
饶君老去形骸在,
变似南方竹节弓。

——《六世达赖情歌》

生命中最重要的时刻,不是过去,也不是未来,而是现在、此时此刻,因为只有现在,我们能够感受到自己的存在。

有一天,一个长得非常漂亮的女人跑到一个哲学家的门口告诉他:"哲学家,我好想嫁给你,娶了我,你将是世界上最幸福的人,再没有一个会像我这么爱你的人了。"

年轻的哲学家对姑娘说："让我考虑一下吧！"

此后，哲学家开始用他的哲学思维方式来衡量结婚和不结婚的好处，后来发现结婚和不结婚的利弊相等，于是，他决定尝试一下没有走过的路。

他找到了女孩家，推开了门，看见女孩的父亲坐在屋子里。他忐忑不安地对女孩的父亲说："我想好了，我要娶你的女儿。"

女孩的父亲看看眼前的哲学家说："你已经来晚了，她现在已经是三个孩子的母亲了。"

我们常会在不经意间错过生命中一些很重要的人和事，不是我们不明白，而是我们太犹豫，没有抓住，所以生活中才有那么多的遗憾和不堪回首。

但过去的已然成为过去，无法挽回，我们能做的就是把握好当下，别再留下更多的遗憾。

有个小和尚在寺院里负责清扫卫生。每天清晨，他都要早早地起床，把整个寺院清扫一遍。打扫院子实在是一件苦差事，寺院里每天都会有很多杂物，尤其到了秋天，每一次起风，都会将树叶吹落一地。每天不论多忙碌，都会有扫不完的落叶，这让小和尚头疼不已。

他想：要是能每天一次就把所有的落叶都扫干净该多好啊！他为此跑去询问寺里的其他和尚，有个和尚告诉他："你在每天打扫之前先用力摇树，把快要落的枯叶统统摇下来，这样，你就不用忙个不停了。"小和尚觉得有道理，便在隔天他起了个大早，使劲地摇院子里的每一棵树，他觉得，这样他就可以把今天跟明天的落叶一次扫干净了。一整天，小和尚都非常开心。

第二天，小和尚到院子里一看，傻眼了，院子里的落叶和往日一样多。

小和尚对此很不解，就去问老方丈。方丈摸了摸小和尚的头："傻孩子，无论你今天怎么用力，明天的落叶还是会飘下来。"

明天是未知的存在，明天的事情只属于明天，今天的人永远不可能解决明天的问题。如果你爱上了一个人，那就赶紧去表白吧，也许明天她就要嫁人了；如果你很想念家里的老人，那就回去陪陪他们吧，因为等你闲下来的时候，他们可能已经不在了；如果你现在想行善助人，那就赶紧去做吧，可能明天你就把这个念头忘掉了……

没有人可以回到过去，所以历史无法改变；也没有人可以穿越到未来，所以未来无法预知；我们能够把握的只有当下。此时此地，此情此景，当你把所有的爱和智慧都融入当下的生活，真真实实地感受生命的存在时，你的存在就是一种幸福。

这件事说来简单，但实行起来却没有那么容易。而且，若无法掌握其中的精髓，在实行时通常会走入一些极端。

人对未来多少都有一些忧虑，这中间包括自己及家庭未来的生活，以及社会国家的前途等。人应当努力工作，赚取自己的衣食，这是理所当然的事。但工作的同时，"忧虑"是不是必然会与工作及谋生而并存呢？这就是佛法所要讨论的课题了。

佛法所提供的答案是否定的。修行有成者，能喜悦自在地做许多事，甚至十分努力及忙碌地做许多事，但却没有忧虑或压力沉重的感觉。以正见观之，忙碌是由缘所生的事，那些缘在"近"来说大多是外来的，但忧虑及压力的产生，除了那些外来之缘外，最主要的缘仍是自己内在的执著，是因为当事人没有把四念处修好，充分看清外缘与内缘的分际，故为境所转却不了知。一旦了知（透过身念处、心念处及受念处），才知道真正使自己苦恼者不光是生活、工作或老板，最主要的还是"自己"。紧张或心情沉重地做事情，不但于事无补，反而容易把事情弄糟。只有用冷静的头脑去分析判断情况，作出决定后再专注地投入工作，才能把事情做好。而专注地投入工作，活在当下，正是四念处修行的范围。

人如果能专注地投入一件工作，就算这个工作很烦琐，只要他能活在当下，就能在其中体会到一种喜悦。但是，如果他无法专注地投入工作，不管是因为没有兴趣还是无法专心，只要他不能活在当下，就算是简单轻松的工作，也会令人觉得度日如年。

有人以为"活在当下"意味着对未来的不思考、不计划，这是误解。"活在当下"是要人对未来不忧虑，不是不计划。根据自己及所处环境目前的情形作分析及整理，并对未来种种作预测及计划，正是"活在当下"的一种表现形式。因为他是根据"现在"的种种评估未来，采取的态度是实际的，头脑是清楚的。就算评估错了，那也只是因为他的聪明不够或资料不全等因素。预测及评估本身并非执著。

但若有人不是根据实际的情形去想象未来，而是在作一种纯粹由心所生的空想，想象自己"如果是那个样子"该多好！或者如果不是那个样子就糟了！这样就容易产生执著，忧悲苦恼也会随之产生。

如果老是想自己会成为什么，变得怎么样，他就不是"活在当下"，而是把自己凭空想象在一个未来不可知、但却如梦一般的世界里。这个梦的世界虽然美丽，却会一吹就散、一碰就破。人如果老是待在一个梦里，不仅会精神恍惚、神不守舍，还会变得紧张、神经质，容易疲劳且健忘。这种人是不实际的幻想者，能"说故事"但头脑不清。许多有文学及艺术倾向的人都有这一面的性格，常常觉得忧愁、沮丧，心情像天空的浮云一般，时晴时阴，不可捉摸控制。但可惜的是，他们中很少有人知道为什么自己有杰出的天赋，却无法摆脱心中那一股莫名其妙的哀愁，有人甚至自嘲地认为那是艺术家不可避免的"悲剧命运"。

4.执著是一种妄念

若依了情妹的心意，

今生就断了法缘；

若去那深山修行，

又违了姑娘的心愿。

——《六世达赖情歌》

这首诗中经常被引用的名句，是曾缄先生译本的"世间安得双全法，不负如来不负卿"。其实，这一句也是对佛法的一个误读，是不谙佛法的俗人对佛法肤浅的理解。如来本来就不是教人心如死水，拘泥表面的清规戒律就是执迷于外相。佛教作为人本主义宗教，"如来"和"卿"在本质上或者更高层次上不是对立的，而是统一的。世上本有两全法，只是未到境界时。

在佛教禅宗的历史上，也曾有过大师出入妓院的公案。当时人怪而问之，大师曰："我自调心，关汝何事？"

其实，学佛最怕心如枯木，一旦心灵僵化，便谈不上心物相印；如在眼前，更谈不上证悟、觉醒、得道。在那个禅宗公案中，妓院只是一个修炼内心看破人世的道场，和西藏喇嘛在天葬台修悟死亡一样。

荷花的干净不在于出污泥而不染，而在于染污泥而自清。很多人以为学佛就是要消灭人的情感，其实，学佛是为了将人的亲情、友情、爱情等情感引向更加牢固不破的境界。那不是情感的泯灭，而是一种升华。

佛家有云：色不异空，空不异色；色即是空，空即是色。我们所追求的一切原本都是虚无的，那么，执著也就是一种妄念了。

一只蜜蜂从小就开始辛勤地学习采蜜及寻找花粉花蜜的方法，等到它长大后，采蜜的技术熟练了，它便飞出去到处采蜜。

每到一处，它都会被鲜艳的花朵吸引，然后忘掉一切地忙碌起来，直到把这里的花粉花蜜一点不剩地全部采完，然后接着飞到另外的地方继续采蜜。

路上，蜜蜂遇到了一只蝴蝶，蝴蝶飞过来想跟它玩捉迷藏，它却连理都不理。

但渐渐地，蜜蜂发现，采完了这边，回来后又有好多新鲜的花长出来，不知为何，这里的蜜老是采不完。其实蜜蜂不知道，这个地方是春城，鲜花永远没有凋谢的一天。

不管蜜蜂再怎么努力勤奋，蜜依然是越采越多。终于有一天，这只蜜蜂累倒了，驮着蜜从空中掉了下来。

那只蝴蝶刚好看到了它，飞了过来，关切地问："你怎么了？"

蜜蜂气若游丝地说："我快不行了，可我的蜜还没有采完呢……"

一切都是虚妄不实的，而虚空之体却是不增不减的，所以，不要被变化不实的现象所骗。

佛知道这个道理，但是众生不知道。佛说："真正的虚空是没有穷尽的，它没有分断昨天、今天、明天，也没有分断过去、现在、未来，永远是这么一个虚空。天黑又天亮，昨天、今天、明天是现象的变化，与这个虚空本身没有关系。天亮了把黑暗盖住，黑暗真的被光亮盖住了吗？天黑了又把光明盖住，互相轮替。黑暗光明，光明黑暗，在变化中不增不减。"

有一个年轻的船夫，在一个酷热难耐的午后划着小船，给另一个村子的居民运送货物。天气闷热，船夫划船划得汗流浃背，苦不堪言。他满头大汗地奋力划着小船，希望赶紧完成运送任务，以便在天黑之前返回家中。

突然，船夫发现，前面有另外一只小船，沿河而下，迎面向自己快速驶来。眼见着两只船就要撞上了，但那只船却丝毫没有避让的意思，似乎是有意要撞翻船夫的小船。

"让开，快点让开！你这个白痴！"船夫大声地向对面的船吼叫道，"再不让开，你就要撞上我了！"但船夫的吼叫完全没用，尽管船夫手忙脚乱地企图让开，但为时已晚，那只船还是重重地撞上了他的船。船夫被激怒了，他厉声斥责道："你会不会驾船，这么宽的河面，你竟然撞到了我的船！"

当船夫怒气冲冲地看向对方的小船，并打算一定要好好与对方理论一番时，他吃惊地发现，小船上空无一人。听他大呼小叫、厉言斥骂的只是一条挣脱了绳索、顺河漂流的空船。

一个有大智慧、大气魄的人，自己的思想、妄念立刻就可以切断，就像香象渡河一般，连弯都懒得转，便在湍急的河水之中截流而过。

佛说："一切众生皆有如来佛性，只因妄想执著不能证得正果。"这就告诉我们，要破除各种成见，不要动辄认为他是外道、我是正信，不要有分别心，不要一切唯我独尊。南怀瑾说："由于大彻大悟的缘故，菩萨不会被世法或出世法所束缚，也不去求一个解脱的方法。本来无缚，何须解脱？若有一法可修，若有一法可得，则法执犹在，被佛法困住，不算真解脱。"

5.学会适时地停下来

　　仓央嘉措的美,让早已厌倦了名利场、是非圈的尔虞我诈的我们不免心生向往,同时,我们也开始反思,那样的名和利带给我们的究竟是幸福还是痛苦。现代社会是一个忙碌的社会,为了事业与家庭,大家不停地奔波劳累,就像一台永不停息的机器。事业有成的人更不必说,个人休息放松的时间少之又少,像永不松懈的发条,为了自己的梦想或利益而不停地奔跑。由过度热衷工作赚钱引起的夫妻关系紧张、亲子关系疏远、家庭不和睦等家庭问题,反过来也会使人为了逃避家庭矛盾,而选择通过拼命工作来麻痹自己,从工作中获得暂时的快乐,如此恶性循环下去。

　　在英国某小镇,有一个以沿街说唱为生的年轻人。同在这个小镇上,还有一位华人妇女,她背井离乡,不远万里来到这里打工。因为他们总是在同一个小餐馆用餐,屡屡相遇之后便成了朋友。

　　这位妇女觉得小伙子人不错,就关切地对他说:"不要再沿街卖唱了,这总不是长久之计,去从事一份正当的职业吧。我可以介绍你到中国去教书,在那儿,你可以拿到比你现在高得多的薪水。"

　　小伙子听后,愣了一下,然后反问道:"难道说我现在从事的职业不正当吗?我很喜欢现在的工作,它能给我也能给其他人带来欢乐,有什么不好呢?我为什么要远渡重洋,告别亲人,抛弃家园,去做我并不喜欢的工作,去过我不喜欢的生活呢?"

听到这段对话的邻桌的英国人也为之愕然，他们不明白，仅仅为了多挣几张钞票就抛弃家人，远离自己幸福的生活，这样的日子有什么意思。

　　在他们的眼中，家人团聚，平平安安，才是最大的幸福，至于财富的多少、地位的贵贱，都与此无关。

　　于是，小镇上的人都开始可怜那位妇女。

　　工作不是我们生活的全部，一些忙碌是完全没有必要的，整天被一些无谓的忙碌所缠绕的人，只会让自己负重累累。

　　我们的生命在奔忙中耗散，而我们的精神也在残酷的竞争、快节奏的生活中趋于紧张，以致麻木或崩溃。其实，这对更好地完成工作没有丝毫益处。所以，不要忙于那些没有意义的事情，事情有很多，但没有头绪地忙碌只会白费功夫，我们应当学会适时地停下来。

　　我们应该静下心想想，自己在做什么？做这些的目的是什么？不停地奔跑给自己带来了什么？我们最初都是为了更美好的生活而工作，然而，最后却是我们为了工作而疲于奔命，早忘记了我们工作的初衷，工作渐渐成为了抑制我们自由的东西。

　　很久以前，一位猎人去拜访一位很有成就的科学家，却看见这位取得了这么多成绩的科学家正和家人在院子里享受阳光，科学家还推着女儿在荡秋千，一家人玩得不亦乐乎。

　　猎人很奇怪，他弄不明白为什么这样一位严谨治学的人会浪费时间在这种游戏上。在猎人的想象中，科学家的时间应该大部分都花在实验室中。

　　于是，猎人问科学家："您不觉得您的时间都被浪费掉了吗？"

　　科学家反问猎人说："你为什么不把你背上的弓扣上弦？"

　　猎人回答说："如果一直扣紧，弓弦就会失去弹力。"

听了猎人的回答，科学家也笑着说："我陪家人一起玩耍，一起荡秋千，理由也是一样的。"

工作不是生活的全部，更不是生命的全部，通过工作来追求生命价值是永无止境的，而人类的时间、健康与精力却是有限的，我们跟家人、友人在一起的时间才是有价值和有意义的。

工作是为了生活，或者说，工作是为了更好地生活，没有生活的工作，就没有任何意义。在高效率、快节奏的拼命工作之余，我们应该停下来，歇一歇，学着享受生活。别只在乎脚下的路，却忽略了攀登途中无数的良辰美景。

6.前半生不犹豫，后半生不后悔

很多人会问这样的问题：仓央嘉措不是活佛吗？佛怎么会"逝世"呢？实际上，藏传佛教认为，活佛像常人一样以死亡示人，就是要通过这一形式，告诉众人佛与世人没有什么两样，发愿在世间经历轮回的活佛只不过是众生的榜样，众人均可成佛。

对于西藏人来说，出生不用特别欣喜，死亡亦不用过度悲伤。藏传佛教相信，一个人在死亡时反而最容易解脱，也就是说，肉体被抛弃了，心才有可能获得最大的自由。佛性平时被身体隐藏，只有身体被舍弃了，佛性才更能大放光芒。

根据藏传佛教的理论，对于普通人来说，人死亡的时候，因为害怕自我不再存在,所以对自我更加执著,人活着的时候,最熟悉的情绪就会首先显露出来,并导引人再生的方向。如果去世时处于善的心境,就会改善下一世;如果去世时慌乱痛苦,就会对转世产生不好的影响。所以,他们相信,人死亡前的念头和情绪,对于下世的转生有决定性的影响,这就是为什么善终比什么都重要。

在《杂阿含经》卷第三十三中,佛陀以四种良马譬喻众生的根器。认为最利根的人听闻老病死苦时,心中会生出警惕,依正法思维而调伏身心,有如上等的良马,见鞭影即知行进的方向;比较次等根器的人,则是在见到邻里有人受老病死苦时,便心生警惕而发心修行,这样的人有如次等良马,虽然不能在睹见鞭影时即知前进,但只经鞭杖轻触毛尾后,便知如何行走;第三等善根的人,则是要见到自己亲近的人深受老病死苦时,方才惊觉而发心修行,就如第三等良马,要等鞭杖轻抽,肌体微疼后,才知策进;第四种人,则要自己身遭老病死苦的折磨之后,才能认真面对生命的苦恼,犹如拉车的马虽经鞭子抽打仍不知策进,非得以铁锥刺身,彻肤伤骨之后才惊觉,进而"牵车着路,随御者心,迟速左右"。至于顽劣难以教化的劣马,则是伸颈狂嘶,作势噬人,前脚跪地,后脚踢人,不愿就轭,即或受轭,稍受鞭杖,便断缰折勒,纵横驰走。

前生已逝,未来未到,它们都不是我们可以掌握的;唯有每一个现在,是我们可以把握住的。因此,不必因为终将死亡而变得消极虚无,也不必因为今生的不美满而寄望来世。把握"当下"的生活态度,其实就已决定我们的幸福与悲哀了。

有生必有死,死亡永远伴随着生,两者相依为命,寸步不离。人的生命同世间一切的生物一样,一旦死亡就不可能再次复生。如果因此而轻视或浪费生命,那是不可原谅的错误。在死神召唤之前,我们应充实地过好每一天。在每一刻的现在,学习努力,并在每一刻的当下练习"为而不有",如此,每一刻都将是圆满的结束,也将成为崭新的开始。

人们常拿"人生不如意十之八九"来安慰自己,开导别人。是的,谁都不可能得到想要的一切。然而,谁说人生没有圆满呢?人生在世,苦苦追求的无非两个字:值得!一个人在世上走一遭,如果能不白活一回,那就是值得的。值得的人生不就是圆满的人生么?

人生如何才能值得?用哲学家的话说就是要做到"前半生不犹豫,后半生不后悔"。一个人所拥有的最好的东西是什么?不是昨天的辉煌,也不是明天的希望,而是现在。

永平寺里,有一位80多岁的老禅师在烈日下晒香菇,住持道元禅师看到以后,忍不住说:"长老,您年纪这么大了,为什么还要做这种事呢?老人家不必这么辛苦,我可以找个人为您代劳呀!"

老禅师毫不客气地道:"别人并不是我!"

道元禅师说:"话是不错,可是要工作也不必挑这种大太阳的时候呀!"

老禅师说道:"晴天不晒香菇,难道要等阴天或雨天再来晒吗?"

道元禅师一时语塞。

人们常说"今日事今日毕"、"自己的事情自己做",话虽简单,做起来却很难。人们总能找到各种各样的理由为自己开脱,但结果是不会欺骗人的,到头来欺骗的还不是自己?人这一生有两件事情绝不能做:一是"等",不能等明天;二是"靠",不能靠别人。否则,你这一生就算白活了。

日本净土宗的创始人亲鸾上人自小父母双亡。9岁时,他立下出家的决心,跑去找慈镇禅师为他剃度。

慈镇禅师问他:"你还这么小,为什么要出家呢?"

小亲鸾答道:"我虽年仅9岁,父母却都不在了。我不知道为什么人一定要死亡,为什么我一定要和父母分离,为了探索这个道理,我一定要出家。"

慈镇禅师非常嘉许他的志愿,说道:"好!我明白了。我愿意收你为徒,不过,今天太晚了,待明日一早,我再为你剃度吧!"

小亲鸾听后,非常不以为然地答道:"师父,虽然你说明天一早为我剃度,但我终是年幼无知,不能保证自己出家的决心是否可以持续到明天。而且,师父,您都那么老了,您也不能保证您是否明早起床时还活着啊。"

慈镇禅师听了这话以后,拍手叫好,并满心欢喜地说道:"说得好啊!你说的话完全没错,现在我马上就为你剃度!"

如果还有明天,你将怎样装扮你的脸?如果没有明天,要怎么说再见?每个人都要面对生老病死,小孩子不知道今天的决心能不能坚持到明天,老人家不知道自己这条命能不能挨到明天,你能保证今天的计划明天还记得吗?是的,没有人能预知未来,谁也不能确定明天带来的是新的希望,还是未知的绝望!所以,人活着就要努力,勿使今天依然成为过去的一部分!

子在川上曰:"逝者如斯夫,不舍昼夜!"生命是经不起等待的,人生短暂,须只争朝夕。

7.有所不为才能有所为

著名的禅师南隐说过,不能学会适当放弃的人,将永远背着沉重的负担。生活中有舍才有得,如果我们只抓住自己的东西不放,什么都不愿放弃,结果就可能什么也得不到。

马涛11岁那年,一有机会便去湖心岛钓鱼。在鲈鱼钓猎开禁前的一天傍晚,他和妈妈早早又来钓鱼。安好诱饵后,他将鱼线一次次甩向湖心,在落日余晖下,湖水泛起一圈圈涟漪。忽然,钓竿的另一头倍感沉重,他知道一定有大家伙上钩,于是急忙收起鱼线。终于,孩子小心翼翼地把一条竭力挣扎的鱼拉出水面,好大的鱼啊,那是一条鲈鱼。

月光下,鱼鳃一吐一纳地翕动着。妈妈打亮小电筒看看表,已是晚上10点,但距允许钓猎鲈鱼的时间还差两个小时。

"你得把它放回去,儿子。"母亲说。

"妈妈!"孩子哭了。

"还会有别的鱼的。"母亲安慰他。

"再没有这么大的鱼了。"孩子伤感不已。

他环视了四周,看不到一个钓鱼的人,但他从母亲坚决的脸上知道无可更改。暗夜中,那鲈鱼抖动着笨大的身躯,慢慢游向湖水深处,渐渐消失。

这是很多年前的事了,后来,马涛成为了有名的建筑师,他确实没再钓到那么大的鱼,但他却为此终生感谢母亲。因为他通过自己的诚实、勤奋、守法,猎取到了生活中的大鱼——事业上成绩斐然。

放弃,意味着重新获得。要想让自己的生活过得简单一些,你就有必要放弃一些功利、应酬,甚至工作上的一些成就。只有放弃一些不必要的牵绊,你才能够让你的生活真正简单起来。

中国有句老话:有所不为才能有所为。除去那些对你来说是负担的东西,停止做那些你已觉得无味的事情。只有这样,你才能更好地把握自己的生活。

选择总在放弃之后,明智之人在作出一项选择之前,总会果断放弃应当放弃的。例如,当你决定要减肥的时候,你就要放弃睡懒觉,放弃巧克力糖,放弃美食……当你想要享受更轻松的生活时,你就要放弃一些工作上的琐事和无休止的加班。总之,要选择幸福的生活,你就要首先决定放弃一些东西。

很多时候,我们希望有选择的机会,却又不愿意放弃,例如感情。有些人选择了新的感情,却不愿意放弃旧的感情,因为不甘心,不甘心自己曾经得到而又失去,但要放弃新的感情,自己又不愿意,于是不仅折磨自己,更折磨别人。

人生总是有失有得的。不做选择,注定什么都会失去;选择了,就不要后悔,大踏步地向前走。人不可能什么都得到,有舍才能有得。

所以,要想过新的生活,就必须懂得放弃,不舍得放弃的人只能生活在旧梦里,而永远得不到新的幸福。必须问自己:"为了能够更有效、更简单地生活,我必须放弃哪些事情?为了使我的生活更幸福,我必须停止哪些事情?"当你能够以这样的思维来转换你的思想,改善你的行动时,你就会果断地放弃很多不必要的事情,让自己过上一种轻松、简单、健康而幸福的生活。

人生根本没有什么"十全十美"的事情,凡事尽力而为即可,无法改变的事情就不要过度在意，要懂得从内心善待自己，这样才能成为一个幸福快乐的人。

有一个人，他得到了一张精致的由檀木做成的弓，他非常珍惜这张弓——它射得又远又准。

这个人一边观察一边想：还是有些笨重，外观也无特色，请艺术家在弓上雕一些图画就好了。于是，他请艺术家在弓上雕了一幅行猎图。

拿着这张完美的弓，这个人心中充满了喜悦。"你终于变得完美了，我亲爱的弓！"

这个人一面想着一面拉紧弓，这时，弓"咔"的一声断了。

人生就像这个人手中的弓，追求完美的唯一结果就是让这张弓毁于一旦。

生命中有些东西原本是可以舍弃的，太完美的结局反而会让你失去很多曾经拥有的快乐。记住，正是失去，才令我们完美；正是缺陷，才体现出了我们的真实。

人生的许多沮丧都是因为得不到自己想要的东西。其实，我们辛辛苦苦地奔波劳碌，最终的结局不都是只剩下埋葬我们身体的那点土地吗？所以，人生中不管经历了什么、获得了什么，都要学会知足，懂得放弃。

假如，在一个暴风雨的夜里，你驾车经过一个车站。车站有3个人在等巴士，其中一个是病得快死的老妇人，一个是曾经救过你的医生，还有一个是你喜欢了很久的梦中情人。如果你只能带上其中一个乘客走，你会选择哪一个？

最好的答案是：把车钥匙给医生，让医生带老人去医院，然后和梦中情人一起等巴士。

有时候，放弃一些固执、限制甚至是利益，反而可以得到更多。

最
美
遇
见
你

第九章

幸福与人生
——和心爱的人吃茶去

　　生活和工作的节奏越来越快，很多人变得越来越浮躁，仿佛身处巨大的漩涡而无法自控。这时，阅读仓央嘉措，体会一位活佛年轻时对美好情感的细腻体验和大胆直率的表述，就如同在沙漠中看到绿洲一般，浮躁的心立刻就得到了安抚。

1.幸福就是找到自己的生活方式

现代社会里,激烈的全方位竞争、复杂的人际关系、快速的生活节奏,给人们的心理带来了很大的压力,使他们对幸福也茫然了起来,总是把幸福放在别处,而不会从自身去寻找,如此,自然觉得幸福难觅。

生活中,左右、羁绊和束缚我们的就是各种感官和物欲。没有谁的生活是一帆风顺的,每个人多多少少都要受到一些外来条件的束缚。但是,外来的束缚是可以通过内心来化解的,关键在于你能否找到一种属于自己的生活方式。

上帝派天使甲和天使乙在人间巡游,两位天使看到了这样有趣的一幕:

一个衣衫褴褛的乞丐看到一个男孩左手拿着面包,右手拿着牛奶,边走边吃。乞丐摸了摸饥肠辘辘的肚皮,咽下一团又一团口水,羡慕地自言自语:"哎,能吃饱饭,真幸福呀!"

那位小男孩刚走几步,就看到一个女孩被爸爸带进了肯德基,买了一个大号的外带全家桶,开心地啃着汉堡,吸着可乐!小男孩看了看自己手中的面包和牛奶,羡慕地自言自语:"唉!能吃这么多美味,真幸福呀!"

啃着汉堡包的小女孩坐在爸爸的摩托车后座上,忽然看到一辆漂亮的黑色小轿车从身旁驶过,绝尘而去!小女孩想:"能开这么漂亮的车子,真幸福呀!"

而小轿车里坐着的却是一个逃犯,他正在逃避警察的追捕,可他终究还是被警方逮到了,警察给他戴上了冰凉的手铐。坐在警灯闪烁的警车里,他透过车窗看到一个乞丐正在路上漫无目的地走着,于是,他羡慕地朝乞丐喊了一声:"唉,可以自由自在不受束缚,多幸福呀!"

乞丐听到那人的话,心里一下高兴了起来,原来,自己也是幸福的,以前怎么没有发现呢?于是,他手舞足蹈地一路唱着歌离去。

两位天使回去后,向上帝汇报了在人间所见到的一切,并述说了心中的困惑:"为什么乞丐也是幸福的呢?"

上帝微笑着说:"人生来就拥有活得幸福的权利,只是一些人没有去主动发现幸福。但不管怎么说,选择适合自己的生活方式,能够自由自在的人,最容易获得幸福。"

人活一辈子都在忙些什么呢?各种回答最后大概都可以归结为追求幸福。其实,仔细想想,不难发现,那些幸福的人们,他们都是身心自由的人。贫穷也好,富裕也好,他们都能努力找到一种适合自己的生活方式,然后抛开烦恼,自由自在地活着。

其实,我们没有必要羡慕别人的生活,生活都是一样的,你所看到的别人的生活并不一定就比你的生活幸福。正如叔本华所说:"人们很少会想到他们拥有些什么,却常常想到比别人少了些什么。"

曾有一对因逃难而失散,多年后才重逢的孪生兄弟,个性活泼的哥哥在饥寒交迫下跑到寺院里当了和尚,个性安静的弟弟则在机缘巧合下娶了妻子生了儿女。相遇之后,兄弟俩过得越来越不快乐:哥哥羡慕弟弟娶妻生子,享尽家庭的温馨;弟弟则羡慕哥哥皈依佛门,远离尘世纷扰。

一天,兄弟俩相约在半山腰的小凉亭闲谈。之后遇到了山崩,两人在慌乱之中躲进了一个小山洞，这才幸免于难。半夜，哥哥怕弟弟着凉，脱下僧衣给弟弟盖上；清晨，弟弟感激哥哥的照顾，脱下上衣给哥哥盖上。

几天后，处于昏迷状态的兄弟俩获救了。但哥哥被送回了弟弟家，弟弟被送回了寺院。于是，他们将错就错，开始体会自己向往已久的生活。哥哥为了衣食拼命干活，累得半死也撑不起一家温饱，丝毫享受不到家庭生活的温馨；弟弟为了准时撞钟、诵早课，和衣而卧，经常彻夜不眠，半点感受不到出家生活的悠闲。

最后，兄弟俩在疲惫不堪之下重新回到了自己的生活中，他们这才发觉，其实他们根本就没必要羡慕对方的生活。

总是羡慕别人的生活，就会造成自己生活的混乱，而使人生走向迷茫，弄得自己心烦意乱，不得安宁。羡慕别人的最终代价，就是失去自我。这样的人，拿什么去追求幸福？不去羡慕别人，自己的日子才能过得悠然平静、从容不迫；不去羡慕别人，你才能找到适合自己的生活方式，完成自己的事业，达到自己的目标，从而过好自己的日子。

每个生命的个体虽然表面各异，但本质却是相同的。每个人的一生都是独特的，崇拜偶像不如认清自己，因为我们自己永远不可能成为别人。虽然人生道路上会有坎坷和不平，但无论是荣誉还是困苦，一切都会成为过去。只要不羡慕他人，不要想太多，将精力放在自己的生活上，踏踏实实地做好自己的事，幸福就会萦绕在我们身边。

2.少一分欲望,多一分幸福

欲望,是生命体与生俱来的东西。无论是动物界还是植物界,都普遍存在着各种欲望:当一个人爱上另一个人之后,会不惜一切地想要得到对方;当一只素食的熊猫饥肠辘辘的时候,它会去主动捕杀其他动物;当一棵小草被石头压住时,它甚至能够刺穿它……欲望在一定程度上促进了社会的发展和人们自我梦想的实现。但是,欲望是无止境的,如果管不住自己的欲望,任它随心所欲,必然会给自己带来痛苦和不幸。

有一个人对地主说他想要一块土地,地主看了看他,想了一下说:"清早,你从这里往外跑,跑一段就插根旗杆,只要你在太阳落山前赶回来,插上旗杆的地都归你。"

地主的话刚说完,那人便开始拼命地跑。太阳快落山了,但他觉得自己的地还不够宽,还一直往前跑。后来看时间不早了,他又拼命地往回赶。结果,他是跑回来了,但已精疲力竭,一个跟头栽下去就再也没起来。后来,地主找了两个人挖了个坑,把他埋了。牧师在给这个人做祈祷时叹着气说:"一个人要多少土地呢?就这么大。"

一个人的欲望越多,他离幸福也就越远。多一分欲望就少一分幸福,相反,少一分欲望就多一分幸福。很多时候,我们之所以觉得自己活得累,就是因为我们的要求得太多,不断索取,将自己弄得身心疲惫。

曾有人问卡耐基："用什么方法才能致富？"

卡耐基回答："节俭。"

那人又问："现在谁是比你更富有的人？"

卡耐基脱口而出："知足的人。"

那人反问："知足就是最大的财富吗？"

卡耐基想了一下，引用罗马哲学家塞尼迦的一句名言回答了他："最大的财富，是无欲。如果你不能对现有的一切感到满足，那么纵使你拥有全世界，你也不会幸福。"

生活需要一定的物质做基础，但物质的索取必须有一个度。人的需求其实是很低的，不要让欲望成为我们心灵上的一颗毒瘤，让它禁锢我们的灵魂，将我们的幸福渐渐吞噬。人应该在满足自己的基本需求的同时，尽可能地抑制住自己的欲望，不要让它无限制地膨胀。要知道，欲望就像气球，越大越诱人，但破灭得也越快——只有顺其自然的人，才能拥有一份属于自己的、安宁的生活。

著名作家理察·卡尔森博士说："很多年前，我曾活得忙碌不堪，追求成就成为了我一生的一切。我不断地做记录，今天完成了多少事，赚了多少钱……三餐总是无固定的场所，随便解决，总与自己比赛，看看自己可不可能赢得比别人更多的成就。"

然而，在他结婚那天，他最好的朋友在前往参加自己婚礼的途中被一辆汽车撞死了，这件事给他的心灵带来了一次沉重的撞击。

之后，卡尔森博士的生活步调明显慢了下来，因为这个时候，他了解到自己过去曾穷追不舍的那些东西，其实并没有自己想象的那么重要。

有人把人生比作一条长河，有其源头，有其流程，有其终点，但是不管它有多长,最终都要流入海洋。既然人生终有尽头,为什么活着的时候不能少点欲望,让自己的生活过得安宁一点呢?

3.家庭、健康和爱

据传,仓央嘉措在世时,他的情诗便已广为传唱。难以想象,当他穿着俗人衣裳、戴着长长的假发溜出布达拉宫,自由快活地放歌时,他是怎样的心情;当他身着袈裟,摇动转经筒,遥聆远方歌声时,又是怎样的怅然。

他是"布达拉宫里的王",唯独没有谈爱情的资格。温莎公爵弃江山傍美人,尚可博得半世佳话,同样的情况放在古代中国,却是叫万人唾弃鄙夷的"误国之举"。仓央嘉措也曾作过那样消极的抗争,然而,从开始到最终,他清晰明白地知道结果——那是只属于他一人的单角爱情故事。

什么是人生真正的幸福?这个问题一直是个哲学命题,因为对于每个人来说,答案都可以不同。然而,对于女人来说,她们的幸福是家庭、健康和爱。

拥有一个幸福美满的家庭,对于她们来说太重要了。在家庭、健康和爱中,用她们的智慧和心怀,与身边的人一起共同进退、荣辱与共,同看每一片云卷云舒,携手每一段花开花落的日子。这就是她们追逐一生想要获得的幸福。

《圣经》里说,女人是男人身上抽下的一根肋骨,所以,每个男人终其一生都在寻找自己丢失的那根肋骨,而女人,也在努力地寻找属于自己的那个男人。

一个男人和一个女人的相遇,是爱情;他们的携手,是婚姻。无论男女,婚姻对于他们来说,都是一辈子的事。所以,有一段美满姻缘,过幸福快乐的日子,是每个人的心中所想。然而,从热烈的爱情转身到婚姻,很多人会因为分不清婚姻的轻重,而导致最后身心俱碎。

将婚姻看得太重要,最终往往会失去自我;将婚姻看得太不重要,则会让对方觉得不受重视,也会失去自我。背负着婚姻失去自我的人,太过依附婚姻所带来的安全感,认为只要走入婚姻,一切就都四平八稳了,他们急于把自己的一切都奉献在婚姻中。忘我地投入,有时候换来的却是彼此的空间过于密切,从而让彼此都无法喘息;随时可以甩手的婚姻,则因为过于强调自我和独立,睡在一张床上,在一张桌子上吃饭、一个屋檐下生活,精神上却仍旧处于单身状态,这会令彼此失去安全感,从而让彼此更显孤单落寞。

负心男人嫌恶原配的心理,正堪比朱元璋登基后的大杀功臣,何况,"黄脸婆"混浊的泪水哪能与小情人的梨花带雨相提并论?女人若不让自己强大,仅凭男人垂怜生存,境况不免可悲。

与其一生忙碌不迭地对战,打扫和清理战场,疲于奔命,不如将爱情当做一片花园细心经营。花盛放时,适时送出温馨的花语;花凋零时,耐心观察力图重燃生机;花落后,收拢起片片残红,制成花干小心存放,衣橱、斗屉、床前、书内,到处萦绕着芬芳的气息;如果已被碾作花泥,那就一瓢水拿来,冲洗个清清净净。在爱的世界里,即便不能做到笑傲江湖,也要尽量全身而退。

选择一个与自己非常合适、能够一同成长的伴侣,是非常重要的。步入婚姻后,更要懂得如何去维持在婚姻里的那种"给"与"受"的关系,这是能让婚姻持久和美的一个保鲜秘诀。

问一百对幸福夫妻的恩爱秘诀,他们会告诉你很多技巧,其中最重要的就是宽容、理解、信任和彼此扶持。在这种关系中，他们双方都处在给予和接受的过程中，只是那个"度"，只有两个人在相处中才知晓。

婚姻的另一个保鲜秘诀是你中有我、我中有你，分彼此，也不分彼此。把握好尺度，才能度身定制。

很多失败的婚姻，并不是因为彼此变心，而是在婚姻里找不到两个人的身影，看到的永远只有自己或者对方。总是一个人做决定，不喜欢商量，更不喜欢折中自己的性格和喜好去迁就对方，要不就只能听你的，要不就只能听我的，婚礼上的盟誓不过是说着玩玩而已。这样的婚姻，是悲哀的。

励志大师刘墉说："美满的婚姻，是彼此有空间。两个人共同拥有一种关系，一辈子身在其中，有自己自由行走的空间，不必天天腻在一起。两个人之间常有牵挂，常有新的关爱，对于两个人来说，很重要。"

4.和心爱的人吃茶去

名门娇女态翩翩，
阅尽倾城觉汝贤，
比似园林多少树，
枝头一果骄鲊妍。

——《六世达赖情歌》

仓央嘉措离去之后，拉萨城里所有曾热恋过他的女子，都将自己的房子涂成了黄色,作为永远的纪念。历史没有给爱情留下位置,但传说从来都不会忘记。

有位禅师曾说:夜来香其实白天也很香,人们之所以闻不着,是因为白天心太躁了。为什么很多很平常的事情,在初恋的情人看来是那么饶有趣味?那是因为在初恋情人的心中,一切都很纯净,一切都很专一。

离开了那种"初恋"的心境,当世俗功利充满人心,很多只有恋人眼中才能看到的美就消失了,很多本来应该更加美好的瞬间,也变得不那么让人身心愉悦了。

世间万物自有其自然的规律、内在的节奏,过快和太慢都会使事物失去本来的面目。饭吃得太快,就变成了猪八戒吃人参果,品不到味道;路走得太快,就欣赏不到路边的风景。追求速度的愿望虽好,却违背了自然的规律。

当年赵州禅师曾说:"平常心是道。"赵州禅师是非常有名的得道高僧,所以经常有人风尘仆仆地跑到赵州观音院求师问道。

一次,一个俗家弟子来观音院拜见赵州禅师说:"弟子专程来观音院拜见方丈,请方丈教我修行之道。"

"你吃过粥没有?"赵州禅师问。

"吃过了。"

"那你就去把碗洗一洗吧。"

赵州禅师很喜欢对前来求道的人说:"吃茶去。"

不管是对外来的云游僧,还是对坐下的弟子,口里挂着的总是这句话:"吃茶去。"

有人忍不住问:"来过也吃茶去,没来过也吃茶去,你这是什么意思?"

赵州禅师的回答仍然是:"吃茶去。"

别人问他什么是道,他偏说吃茶去。什么意思?"洗碗去"也好,"吃茶去"也罢,其实都一样,言下之意就是:"不要着急!""禅"就是这样,只可意会,不可言传;说禅者尽说无心话,听禅者顿生了悟心。

那么,你悟了没有呢?现代人生活越来越实际,很多都是还没有充分享受初恋的美好就进入了同居,生活和工作的节奏越来越快,每个人的心态都越来越浮躁,仿佛身处巨大的漩涡而无法自控。这时,阅读仓央嘉措,体会一位活佛年轻时代对美好情感的细腻体验和大胆直率的表述,就如同在沙漠中看到绿洲一般,浮躁的心立刻得到了安抚。

5.痛苦是穿了魔鬼衣服的天使

如果快乐像天使,痛苦就是穿了魔鬼衣服的天使,只有正视他,才能看到他美丽的本质,收到他带给我们的财富。

据说,仓央嘉措为了出入方便自由,绞尽了脑汁。他曾想打一个地下通道出入,可是动土工程太大,容易暴露;他想打通一个"空"中通道,可是布达拉宫宫墙高耸,戒备森严,太危险。最终,他只好在布达拉宫的正门旁私自开了一个侧门,自带钥匙。

有一天晚上,仓央嘉措从侧门溜出去会情人,没想到黎明天降大雪,他在回宫时留下了足迹,并且一直延伸到卧室。宫中侍僧疑贼人,嚷嚷开来,及至验证鞋印,其风流韵事终被揭穿在光天化日之下。

在各种指责、疑问纷至沓来之际,那无法用语言描述的微妙难言的心理感受还留在大活佛的心里，并且每一个细节都那样真实细腻，只是带着一种悲苍而又凄美的神韵。仓央嘉措《情歌》中写道：

夜里去会情人，

黎明天降大雪，

还有什么秘密，

雪地足印明白。

……

仓央嘉措从不隐藏自己真正的"本真"和那种"不得已"的痛苦，尤其在《情歌》中：

人们都在说我，

说的一点不错，

少年人的脚步，

是到女店主家去过。

……

仓央嘉措无疑是痛苦的，但正是他遭遇的这一切，才成就了他的伟大。如果他从出生就顺风顺水、衣食无忧、健健康康，也许就不会有他流传于世的这些著作。

受惠于痛苦的人绝不止仓央嘉措一人，"小提琴鬼才"帕格尼尼，一辈子也不断遭受疾病的折磨，却接连不断创造出了很多魅力四射、激情绚丽的乐曲。他在手指多处出血、无法控制的情况下，仍能演奏出"独弦琴上的奇迹"。

贝多芬失去了听觉，在生活和爱情上也屡遭挫折。但痛苦不但没有吓倒他，反而成了他获得强大生命力的磁场。他发誓"要扼住生命的咽喉"，他与命运顽强搏斗，在乐曲创作上取得了很高的成就。

著名化学家格林尼亚教授在少年时代，由于家境优裕，父母溺爱，没有理想,没有志气,整天四处游荡。不幸一夜之间降临,他的家庭因破产而变得一贫如洗,昔日的好友纷纷离他而去,连他的女朋友也当众羞辱他。格林尼亚在痛苦中幡然醒悟,他开始奋发图强,立志追回被浪费的时间。9年以后,他研制出了格氏试剂,获得诺贝尔化学奖。

还有穷困潦倒却写出巨著《红楼梦》的曹雪芹;遭受宫刑却写出壮丽《史记》的司马迁;卧薪尝胆,终能"三千越甲可吞吴"的勾践……他们把一生遭受的痛苦都转化成了一支支惊艳的玫瑰,散发出浓郁的香气。

艰难困苦,玉汝于成。著名法国文学家巴尔扎克说过:"痛苦对于庸人是一块绊脚石,对于天才却是一块垫脚石。"

在非洲尼日尔特内雷地区的沙漠中,生长着一棵金合欢,该树已有1800年的树龄,虽然主干已弯曲,树身伤痕累累,绿叶也不多,但生命力旺盛,年年生枝发芽,是那里唯一生存下来的植物,尼日尔人视其为"神树"。

科学家曾对这棵树进行过研究,发现那里的气候条件绝不适合金合欢树的生长。沙漠终年干旱,日夜温差极大,天气难以预测,几分钟前骄阳似火,几分后却忽然转变成狂风暴雨,有时还夹带冰雹、风沙。在如此恶劣的环境中,这棵"神树"居然能够存活下来,而且活了上千年,确实是个奇迹。要知道,即便是在适合生长的环境中,合欢树的树龄也不过百年而已。那么,这棵树是如何"创造"出这番奇迹的呢?答案就是这恶劣的环境。

科学家猜测,在这棵"神树"生长的初期,它就不断遭受生存环境所带来的挑战,这些挑战在给它的成长带来挫折的同时,也加深了它抵御挑战的能力。

人生就像这棵金合欢,不经历磨练就没有免疫力。中国著名文学家夏衍说:"种子不落在肥土而落在瓦砾中,有生命力的种子绝不会悲观和叹气,因为只有有了阻力,才有磨练。"

生活中,我们都会遇到过大坝、泥沙,亦或是狂风暴雨。这些磨砺与痛楚,或许会成为我们心中的暗礁。可当你勇敢面对以后,你会发现,曾经的暗礁、伤疤会让我们的生命之河流得更远,更宽阔,更汹涌澎湃。

没有痛苦的洗礼,生命是多么单薄和脆弱;缺少痛苦的浸润,人生将多么苍白和肤浅。真正的痛苦可以让人冷静、催人成熟。相对于快乐,痛苦是一股无穷的力量,更能激发出人的潜能,推动我们不断前进。

6.常人的幸福

很多人热爱仓央嘉措,因此对他最后的结局设想得非常浪漫。

有一个版本是这样说的:被认为不合教规的仓央嘉措诏送京师。押解途中,年仅23岁的活佛看到青海湖湖光之后,仿佛听到了情人的呼唤,开始不停地唱着自己的"拉伊"——《仓央嘉措情歌》,仓央嘉措似乎一下子从桑结嘉措与拉藏汗为代表的两派争斗中解脱了出来。他唱着,尽情地宣泄着在深宫中压抑的情感:"一箭射中鸪的,箭头钻进地里,遇到我的恋人,魂儿也跟她飞去。"那情歌融入了对生命的悟性,还有一种致命的孤独!

仓央嘉措痴迷在自己的情歌中,头也不回地径直走入青海湖,让那透明的湖水永永远远地湮没了自己。为情所苦、为情所扰的活佛终于得到了最终的解脱,一种彻底的解脱。

或许,结局没有这么浪漫,这只是好心人的附会。可是从中不难看出,每个人的心底都渴望着一场轰轰烈烈的爱情和浪漫,可是,幸福本不是什么大事,世间能有多少人的爱情遭遇生离死别?

所以,常人的幸福只关乎家长里短,沉溺在一些琐碎之中,而那些琐碎本身就是一种幸福。

安洋,今年35岁,在一家软件公司担任部门主管。这一天是周末,又恰逢他和妻子丛瑞华结婚5周年纪念日,他早就打算好晚上和妻子一起去吃西餐,饭后再带妻子去听一场音乐会。

可就在临下班前半个小时,王总来电话说有一个非常着急的工作一定要当天晚上处理完。安洋万般不情愿地接受了这个任务,并且沮丧地给妻子打了一个电话,说今晚不能去听音乐会了,改天一定补上。妻子虽然有一些失望,但还是安慰他要踏实加班,认真完成工作。

"终于搞定了!"坐在办公桌前的安洋一下子蹦了起来,然后下意识地看了一下手表,时针已经指向夜里10点了!安洋迅速收拾好桌上的东西,关掉电脑,然后夹起公文包匆匆跑出办公室。电梯开了,门还没完全打开,安洋就冲了进去……

"叮——"电梯载着安洋回到了地面,同样,他没等门完全打开就冲出了电梯。他一边下意识地看着手表一边向外走去,却意外地看见妻子就站在他的眼前,正浅浅地冲着他微笑。

原来妻子接到安洋的电话后并没有回家,反而到安洋上班的写字楼来等他下班,又怕打扰他工作,就没有直接上楼去,而一直在楼下等他下来。

"好啦,开始庆祝我们的结婚纪念日吧!"妻子温暖的笑容让安洋满身的疲惫和加班的怨气一扫而光。他歉意地看着妻子,妻子似乎也看出了他的心思,便安慰他说:"我知道你很重视今天这个日子,因为我和你是一样的。只是加班在所难免,老总特意安排你来完成这个工作,证明你在公司越来越受到重视了,我们应该为此高兴才对!我来这儿等你,今天的结婚纪念日我们就会多半个多小时在一起!来吧,用我刚想到的方式来庆祝我们的结婚纪念日吧!"

听妻子这么说,安洋充满感激地把妻子揽入怀中,体会着这既令人感动且充满幸福的时刻!

这个结婚纪念日,他们没有温馨的烛光,没有丰盛的晚餐,更没有美妙动人的音乐,然而,夜风轻拂他们的脸颊,他们一起在街上嬉笑追闹,石板路上是他们踢踢踏踏的脚步声,夜空中是他们幸福的欢笑声,安洋觉得这是他过的最为难忘的一个结婚纪念日。

第二天,安洋面带微笑、充满激情地向上司报告了加班完成的任务。

他的幸福也感染了他的上司:"安洋,你做得不错,大周末还让你加班!这样吧!下周给你3天带薪休假,好像你们就是在这几天结婚的,陪你爱人好好放松一下!"

"谢谢老总!"安洋按捺不住心头的兴奋,快步走出办公室,迅速拨通了妻子的电话。

每个人都在追求生活的深刻和完美,却忽视了享受那原始、自然、简约的幸福。既以物喜,又以己悲,总不以生活中原有的为满足,却为不能得到的而痛苦,让自己的心灵长满了世俗的、物欲的茧花,无法感受生活幸福的真谛,如此,幸福只会离我们越来越远。

有位哲人说:"生活是无可选择的,对它,我们必须接受。唯一的选择就是如何生活。"幸福本是微小的,不是幸福小,而是事情小,很多很多的小幸福聚集在一起,便是这一生的大幸福。

亚里士多德说:"生命的本质在于追求幸福。"

使得生命幸福的途径有两条：一是发现使你幸福的时光，增加它；二是发现使你不幸福的时光，减少它。

为什么不制造一点幸福呢？天上不会掉下免费的午餐，却常常落下免费的幸福，不一定落在金碧辉煌中，却常常散落在犄角旮旯里，需要我们像觅宝一样去寻找。

世上本无幸福不幸福之分，幸福是人造出来的，就像烦恼也是自己寻来的。幸福的人有一颗青春的心，青春使生命之泉清澈常在。幸福的人有开阔的心胸，他们会通过改善心理机制让自己明亮起来，并且看到未来的光辉。如果说，这世界上有什么最宝贵的珍藏，那就是一颗会幸福的博大的心。

我们虽然不能永葆青春的容颜，但是可以永远拥有青春幸福的心态、坚强的意志、丰富的想象力、充沛的感情、对新鲜事物的向往和寻根问底，以及追求人生乐趣的不泯的童心。

7.唤醒自己的幸福

也许你身边的某些朋友有着惊人的艺术才华，比如，某位朋友的书法很好，只要稍微努力一下，很有可能成为一位书法大家；某位朋友很有绘画天赋，甚至在小学的时候就能够画出一本连环画来，一看就是个当画家的料……但是，这些人最后的生活却过得很平淡。当你对他们说，他们可以成为书法家、画家的时候，他们却胆怯地说，自己没有那个资本。

其实，很多东西，并不是非要拥有什么才能够去争取，所有人都有追求幸福的权利。穷人或者富人，大人或者小孩，男人或者女人，他们在幸福面前的起跑线都是一样的，关键还是看人们能否打开自己的心扉，去大胆地迎接幸福。

1920年，美国田纳西州一个小镇上，有个小姑娘出生了，她的名字叫玛丽。玛丽渐渐懂事后，才知道自己是个私生子。周围的人都歧视她，小伙伴们都不跟她玩。她不知道他们为什么要这样对她，她觉得自己很无辜，觉得世界很残酷。

上学后，玛丽受到的歧视并未减少，老师和同学们都以那种冰冷、鄙夷的眼光看她：这是一个没有父亲、没有教养的孩子，一个不好的家庭的孽种。在这样的冷暴力下，玛丽变得越来越懦弱，她开始封闭自我，逃避现实，不与人接触。玛丽最害怕的事，就是跟妈妈一起去镇上的集市。她总能感到人们在背后指指戳戳，窃窃私语："就是她，那个没有父亲、没有教养的孩子！"

玛丽13岁那年，镇上来了一个牧师，她的一生从此发生了改变。玛丽听大人说，这个牧师非常好。她非常羡慕别的孩子一到礼拜天，便跟着自己的父母，手牵着手走进教堂。她曾经多少次躲在远处，看着镇上的人们兴高采烈地从教堂里出来。她只能通过教堂庄严神圣的钟声和人们面部的神情，想象教堂里是什么样，以及人们在里面干什么。

有一天，玛丽终于鼓起勇气，待人们进入教堂后，偷偷溜进去，躲在后排聆听牧师的演讲。她听得入迷，忘记了时间，直到教堂的钟声敲响才猛然惊醒，但已经来不及了，率先离开的人们堵住了她迅速出逃的去路，她只得低头尾随人群，慢慢移动。

突然，一只手搭在了她的肩上，她惊惶地顺着这只手臂望上去，正是牧师。

"你是谁家的孩子？"牧师温和地问道。这句话是她十多年来最害怕听到的。它仿佛是一只通红的烙铁，直烫玛丽的心。

人们停止了走动，几百双惊愕的眼睛一齐注视着玛丽。教堂里静得连掉根针在地上都听得见，玛丽完全愣住了，她不知所措，眼里含着泪水。

这时，牧师脸上浮起了慈祥的笑容，说："噢，知道了，我知道你是谁家的孩子——你是上帝的孩子。"然后，抚摸着玛丽的头发说："这里所有的人和你一样，都是上帝的孩子！痛苦都是人们自找的，每个人都可以过上幸福的生活，你也不例外。不要限制自己，幸福就在你身边，大胆去寻找吧，孩子！"

牧师的话让玛丽从此走出了阴影。此后，她和其他孩子一样，过上了幸福的生活。

罗马哲学家塞尼加说："如果你一直觉得不满，那么即使你拥有整个世界，也会觉得伤心。"

物质与其他的一些环境，都不能完全左右幸福。一个人不管曾遭遇过什么，幸福都不会与他计较，而与他计较的，却是他自己。可以说，是我们自己囚禁了自己的心灵，从而将幸福从我们的身上挤了出去。

一个冬天的下午，一男一女两个盲人进了一家小商店，男的挂着一根棍子，牵着女人的手，两个人都三十出头的年纪。这时，店员注意到他们沾满泥水的脚上竟然没有穿袜子，缩在破旧鞋子里面的脚丫已冻成了青紫色。

两人摸索着移到柜台前，说："老板，我们想买两双棉袜。请拿给我们好吗？我们有钱。"

说完，男人就将手伸进破棉袄里掏了一把零钱出来。店员数了数这些揉皱的零钱，对他们说："这点钱只够买一双。"

男人有点为难，站在他身边的女人伸手拉了拉他的衣角，说："你腿脚不好，要不咱给你买一双算了，我就不要了。"

男人则说："说什么话，我是个男人，冷点没关系，我看还是给你买一双吧。老板，给拿一双颜色好看一点的。"

店员给他们拿了一双绿色的袜子，男人用手抚摸着说："手感还不错，质量一定好。老板，这袜子是什么颜色的？"

店员告诉他是绿色的，他听了摇了摇头："还是拿双红色的吧，我老婆穿红色的好看。"

他的话让店员愣住了。当店员把一双红色的袜子递到男人的手中时，看到的是令他感动一生的一幕：紧紧牵着丈夫衣角的女人，将那双男人刚刚递给她的红棉袜捂在自己的脸上，用鼻子闻了又闻，那张被冻得青紫的脸庞上，竟然泛起了红晕。同时，在她那双含泪的眸子里，流露出了无比的感动与幸福。

男人蹲下身子，将女人脚上那双沾满泥水的鞋子脱下来，用自己破旧的衣襟给女人擦脚，还帮她磕掉沾在鞋子上面的泥水，然后才将红袜子小心地穿在她的脚上。之后，他站了起来，摸索着用手帮女人理了理被风吹乱的头发，并仔细地给她系好围巾，说："这下好了，脚不冷了。"女人满足地点着头，由男人牵着走了。

听着他们渐渐远去的探路棍的嗒嗒声，店员站在柜台里久久没回过神来，心想，谁说没钱就没权利享受幸福？

一个人，当他的生活过于平淡时，幸福就会在他的身上沉睡过去。这个时候，我们需要一些举动来刺激它一下，将它唤醒。刺激是生物对外界做出反应的能力，调整刺激会带来内在的痛苦，接受刺激则能使心理感受更加丰富。

比如，有两个老奶奶，她们拄着拐棍在街头相遇，之后聊起天来。一个说："我这辈子太不幸了，爱过几次，但总不能和心爱的人结婚。"另一个说："我这辈子没爱过谁，平平淡淡过了一辈子。"

谁更幸福？第一个老奶奶情感经历丰富，虽然有痛苦，但在痛苦之前，一定有爱的感觉。第二个虽然没有痛苦，但也失去了爱的感觉。生活没有了刺激，就没有了生命力。

放飞自己的心灵，不要让它被外物囚禁。

延伸阅读：

感到幸福的秘诀

幸福的主观性比较强，常常能够感觉到，却无法真正地得到。

曾经有一位著名的心理学家在生活中提出了这样9种能够感到幸福的秘诀，我们共同分享一下。

(1)享受瞬间。享受当下，把握当前时刻。这要求人们要多生活在这样一种状态下——把孩子的微笑当作珠宝，在帮助朋友中得到满意感，与好书里的人物共欢乐。

(2)控制好自己的时间。幸福的人大多会为自己设置大量的目标，然后落实在每天的行动中。比如，一天写300页书是一件艰难的事，然而，每天撰写两页书则非常容易办到。如果这样坚持150天，不就可以写成一本书了吗？这个原则适用于任何工作。

(3)增强积极情绪。有越来越多的现象显示：消极的情绪使人沮丧，积极的情绪催人奋进。而幸福的人常做的一件事就是努力消除消极情绪。

(4)善待亲近的人。这告诫人们要学会善待亲人，最好是学会很好地对待亲近的朋友、配偶、合伙人的不幸，比如丧亲之痛、失业、疾病等。美国民意调查中心曾经一份抽样调查报告显示：能一下数出5个亲密朋友的人,有60%比不能数出任何朋友的人更能感到生活幸福。

(5)面带幸福感。实验表明:真正面带幸福感的人,更容易感到幸福。专家研究还表明,面部经常欢笑更能在大脑中引起幸福的感受。

(6)告别枯燥的生活。尽量不要沉溺在无所事事中,不要把自己限制在电视机前,要设法将自己置身于能应用你的技能的事情和环境中。

(7)多活动。室外锻炼是对付压力和焦虑的良药,因为,在"对常感到有一定压力的大学生的一次调查研究"中表明,那些经常在室外锻炼的学生情况要明显好于不参加锻炼者。

(8)好好休息。幸福的人精力往往比较充沛,但他们仍然需要留出一定的时间睡眠、陪伴亲人和享受生活。

(9)关照心灵。专家对信仰和幸福的关系研究表明,有信仰的人比没有信仰的人更有幸福感。当然,信仰不可能让我们免除所有悲哀,它不可能囊括一切,但是,信仰常常提醒你沿着幸福路径前进。

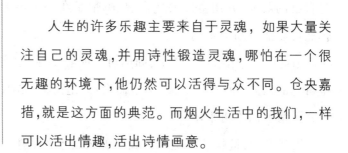

最美遇见你

第十章

情趣与人生
——在烟火生活中,活出诗情画意

　　人生的许多乐趣主要来自于灵魂,如果大量关注自己的灵魂,并用诗性锻造灵魂,哪怕在一个很无趣的环境下,他仍然可以活得与众不同。仓央嘉措,就是这方面的典范。而烟火生活中的我们,一样可以活出情趣,活出诗情画意。

1.情趣自在平凡中

仓央嘉措的一生,渴望的是空气、阳光、爱情和诗词,别的东西他没有刻意去追求,他不想被权力和财富所左右,不想被欲望和野心侵占自己澄澈的内心,他也不在乎什么身份和称谓。

他像鹤一样飞翔在天空的最高处,不见世俗的喧哗,不见权力的倾轧,不见富贵的争夺。他自洁、自珍、自省却不自傲,争斗与他无关,权贵之间的矛盾也与他无关,平易恬淡,自由徜徉,不神秘,但庄严。他关注的是自己的灵魂,并用诗性锻造灵魂,哪怕是在一个很无趣的环境下,他也仍然可以活得与众不同。

由此可见,禅用在修道上,固然可以明心见性,用在其他的生活方面,也有它的妙处。禅不是呆板,不是糊涂;禅是情趣,是幽默的智慧。生活因为有了情趣而不再平淡。

很多人问,情趣从哪里来?我要怎么做才有情趣?

世上有味之事很多,也包括了诗、酒、哲学、爱情等。也许很多人认为它没用,在利益至上的现代社会提这些有味没味的,矫情给谁看呢?甚至有人还会拿出"百无一用是书生"的论调。但纵观历史,吟无用之诗,醉无用之酒,读无用之书,钟无用之情,终于成无用之人的人,却反而活得有滋有味,打造了自己人生的精彩。

著名的山水诗人谢灵运,一生醉心于山水诗的研究与创造,崇尚生命的恬静安然,他在长达一生的仕途坎坷之中,常有醒悟,也用"真性情"磨练过自己,终于成为了中国历史上著名的"山水诗鼻祖"。田园诗人陶渊明,不乐意做官,不肯为五斗米折腰,用诗书打点自己的一生,"不戚戚于贫贱,不汲汲于富贵",吟"无用之诗",醉"无用之酒",读"无用之书",一生写了大量的"饮酒诗"、"咏怀诗"、"田园诗",因而成为古典诗词的典范。

又有很多人说:没钱还玩什么情趣?亨利·梭罗说过:"我们来到这个世上,就有理由享受生活的快乐"。其实,享受生活并不需要太多的物质支持,因为无论是穷人还是富人,他们在对幸福的感受方面并没有很大的区别,我们可以通过摄影、收藏、从事业余爱好等各种途径培养生活情趣。

生活的艺术可以用许多方法表现出来,没有任何东西可以不屑一顾,没有任何一件小事可以被忽略。一次家庭聚会,一件普通得不能再普通的家务,都可以为我们的生活带来无穷的乐趣与活力。

小张是一个大三的穷学生。一个男生喜欢她,同时也喜欢另一个家境很好的女生。在他眼里,她们都很优秀,他不知道应该选谁做妻子。

有一次,男生到小张家玩,她的房间非常简陋,没什么像样的家具。当他走到窗前,发现窗台上放了一瓶花——花瓶只是一个普通的水杯,花是从田野里采来的野花。

就在那一瞬,他做出了决定,他要选择小张作为自己的终身伴侣。促使他下这个决心的理由很简单,小张虽然穷,却是个懂得生活的人,将来无论他们遇到什么困难,他相信她都不会失去对生活的信心。

小白喜欢时尚,爱穿与众不同的衣服。她是被别人羡慕的白领,但她却很少买特别高档的时装。她找了一个手艺不错的裁缝,自己到布店买一些不算贵但非常别致的料子,自己设计衣服的样式。在一次清理旧东西时,一床旧的缎子被面引起了她的兴趣——这么漂亮的被面扔了怪可惜的,不如将它送到裁缝那里做一件中式时装。想不到服装做出来效果出奇的好,她的"中式情结"由此一发而不可收:她用小碎花的旧被套做了一件立领带盘扣的风衣;她买了一块红缎子稍作加工,就让她那件平淡无奇的黑长裙大为出彩……

小王是个普通的职员,过着很平淡的日子。她常和同事说笑:"如果我将来有了钱……"同事以为她一定会说买房买车,而她的回答是:"我就每天买一束鲜花回家!"不是她现在买不起,而是按她目前的收入,到花店买花有些奢侈。有一天,她走过人行天桥,看见一个乡下人在卖花,他身边的塑料桶里放着好几把康乃馨,她不由得停了下来。这些花一把才开价5元钱,如果是在花店,起码要15元,所以,她毫不犹豫地掏钱买了一把。这把从天桥上买回来的康乃馨,在她的精心呵护下开了一个月。每隔两三天,她就会为花换一次水,再放一粒维生素C,据说这样可以让鲜花开放的时间更长一些。每当她和孩子一起做这一切的时候,都觉得特别开心。

生活中还有很多像小张、小白、小王这样懂得生活艺术的女人,她们懂得在平凡的生活细节中拣拾生活的情趣。

生活可以很平凡、很简单,但是不可以缺少情趣。一个懂得幸福生活的人可以从做家务、教育孩子、陪爱人买情人节礼物等平凡的生活细节中体验到生活的快乐。一个富有的人的生活不一定有乐趣,一个贫困的人却能把自己的小日子过得有滋有味。

2.在音乐的世界里听风观雨

音乐与我们的心灵水乳交融,息息相关。音乐是我们,我们是音乐。音乐给我们以憧憬、幻想、回忆、遐思。音乐的暗示就是给我们生命的暗示。丝丝缕缕,串串音符如潺潺的溪流,如春野的小鸟,清清柔柔,在诉说着我们的情怀……

音乐是一道美丽的风景,但只有少数人有幸欣赏,因为这道风景不是用眼睛看的,而要用心去体会。

春秋战争时期,俞伯牙与钟子期"高山流水觅知音"的故事千古流传,令人交口称赞。音乐就是这样,有着无穷无尽、无法用语言描述的"魅力",你可以在它的世界里尽情放纵自己的欢笑、泪水,在流动的音符中寻找往昔生活的印迹,编织你七彩的梦,获得心灵超越无限的自由之境。

在日益紧张忙碌的现代生活中,音乐显得十分重要,那是上帝赐予世人的声音。紧绷了一天的神经在音乐中得到松弛,压抑了数天的悲愤情绪在音乐中得到宣泄,发自心底的快乐也能在音乐中获得飞扬。音乐还能在咖啡牛奶浓浓的香气中带走你的思绪,给创作者以灵感,给奋斗者以希望。因此,音乐不仅能调整状态,还能陶冶情操。

音乐是用来享受的,听肖邦的奏鸣曲,感受他充满着美、精妙、壮丽和力量的心灵独白,倾诉一腔爱国柔情;听贝多芬用他那神奇的手谱写的田园之曲,撞击《命运》之间,感受一个顽强的生命在不懈地抗争;听柴可夫斯基的钢琴曲,感受驾着俄罗斯马车,在静谧湖畔驻足观赏天鹅起舞的雅兴;倾听舒伯特的小夜曲,似乎看到菩提树下,踟蹰着一个孤独的身影……

音乐是我们生命中最亲密的朋友,不仅可以带来无限欢乐,还可以让我们变成世间最动人的精灵。音乐,如一枝出水芙蓉,它那婀娜多姿的身躯顶着烈日的暴晒,用极富渗透力的情韵,去触摸柔情似水的我们。我们离不开音乐,就像鱼儿离不开水,花儿离不开阳光,鸟儿离不开蓝天。没有音乐的我们,生活是单调的,情感是贫瘠的,日子是乏味的;有了音乐的我们,阴天会放晴,忧郁会消退,贫穷会化为富有,悲伤也会成为享受……

沧海一声笑,滔滔两岸潮,浮沉随浪只记今朝。苍天笑,纷纷世上潮,谁负谁胜出天知晓。江山笑,烟雨遥,涛浪淘尽红尘俗事几多骄。清风笑,竟惹寂寥,豪情还剩了,一襟晚照……

音乐绝不仅仅是一串单纯的音符,它更是一种深蕴着人的精神的文化现象。无论在我国传统的音乐中,还是西方古典音乐、浪漫音乐中,我们都可以感受到音乐的精神"脉搏"。音乐大师们在五线谱间发出的对天、地、人的畅想,对命运的慨叹,对未来的展望,给懂得欣赏的人们带来了心灵的震颤。

爱音乐的我们是美好的,有音乐的我们是幸福的。音乐,是我们生命中生生不息的梦幻与情思、坚守与执著!

3.享受灵魂修养的生活

一碗米饭,一块馍,皆是生活的颜色。在喧嚣、平淡的日子里心如止水,在粗茶淡饭里咀嚼生活的味道,拥有一颗平常的心,简简单单地过日子。日久天长,在这平淡之间,你会发现,平淡并不意味着枯燥,其中蕴藏着巨大的惊喜、难忘的奇迹。

一位得知自己将不久于人世的老先生在日记簿上记下了这样一段文字:

"如果我可以从头活一次,我要尝试更多的错误,我不会再事事追求完美。

"我情愿多休息,随遇而安,处世糊涂一点,不对将要发生的事处心积虑地计算着。其实人世间有什么事情需要斤斤计较呢?

"可以的话,我会多去旅行,跋山涉水,再危险的地方也要去一去。以前不敢吃冰激凌,是怕健康有问题,此刻我是多么的后悔。过去的日子,我实在活得太小心,每一分、每一秒都不容有失,太过清醒明白,太过合情合理。

"如果一切可以重新开始,我会什么也不准备就上街,甚至连纸巾也不带一块,我会放纵地享受每一分、每一秒。如果可以重来,我会赤足走出户外,甚至彻夜不眠,用自己的身体好好地感受世界的美丽与和谐。还有,我会去游乐场多玩几圈木马,多看几次日出,和公园里的小朋友玩耍。

"只要人生可以从头开始,但我知道,不可能了。"

生活本是丰富多彩的,除了工作、学习、赚钱、求名外,还有许许多多美好的东西值得我们去享受:可口的饭菜、温馨的家庭生活、蓝天白云、花红草绿、飞溅的瀑布、浩瀚的大海、雪山与草原等。美国诗人惠特曼说:"人生的目的除了去享受人生外,还有什么呢?"

林语堂也持同样的看法,他说:"生活的目的即生活的真享受……是一种人生的自然态度。"

一个6岁的小女孩问妈妈："花儿会说话吗？"

"噢，孩子，花儿如果不会说话，春天该多么寂寞，谁还对春天左顾右盼呢？"妈妈的回答让小女孩满意地笑了。

小女孩长到16岁，问爸爸："天上的星星会说话吗？"

"噢，孩子，星星若能说话，天上就会一片嘈杂，谁还会向往天堂静谧的乐园呢？"小女孩又满意地笑了。

女孩长到26岁，已是个成熟的女性。一天，她悄悄地问做外交官的丈夫："昨晚宴会，我表现得合适吗？"

"棒极了！"外交官不无欣赏和自豪之情，"你说话的时候，像叮咚的泉水、悠扬的乐曲，虽千言而不繁；你静处的时候，似浮香的荷、优雅的鹤，虽静音而传千言……能告诉我你是怎样修炼的吗？"

妻子笑了："6岁时，我从当教师的妈妈那儿学会了和自然界对话；16岁时，我从当作家的爸爸那儿学会了和心灵对话；在见到你之前，我从哲学家、史学家、音乐家、外交家、农民、工人、老人、孩子那里学会了和生活对话。亲爱的，我还从你那里得到了思想、智慧、胆量和爱！"

一个优雅快乐的人，会感受生活，会品味生活中每时每刻的内容。虽然享受生活必须有一定的物质基础，需要你努力地工作和学习，创造财富，发展经济，但是，劳作本身不是人生的目的，人生的目的是"生活得写意"。一方面勤奋工作，另一方面使生活充满乐趣，这才是和谐的人生。

享受生活，并非花天酒地，或过懒人的生活。享受生活，是要你努力去丰富生活的内容，努力去提升生活的质量，愉快地工作，也愉快地休闲。散步、登山、滑雪、垂钓，或是坐在草地或海滩上晒太阳，在做这一切时，使杂务中断，使烦忧消散，使灵性回归，使亲伦重现。用乔治吉辛的话说，是过一种"灵魂修养的生活"，是像艺术家一样热爱并设计我们的生活，让我们的日子呈现出另外一番模样。

比如说,有人说日子如白开水,淡而无味,那你就加点蜂蜜,或者煮开了泡几片玫瑰花瓣,或者一小撮绿茶,或者冲咖啡……你能做的很多,可以无极限发挥你浪漫的创意,让生活变得不再平淡。生活需要变化,这样才能让人觉得有新鲜感,才能长时间地保持着活力。

王小波把人分为有趣和无趣两种,在一个无趣的时代、无趣的社会,做个有趣的人,不容易。要做一个有情趣的人,首先要热爱生活,对万事万物充满爱心;其次要善于观察生活、体验生活,发现生活的情趣;再次要善于运用联想和想象去发现生活中的美和情趣。

纵观历史长河,史上圣人出了不少,有趣的人可不多。苏东坡是个有趣的人,古人有人生四大乐事之说,苏东坡则认为,人生赏心乐事不单只有四件,而有十六件:清溪浅水行舟;微雨竹窗夜话;暑至临溪濯足;雨后登楼看山;柳阴堤畔闲行;花坞樽前微笑;隔江山寺闻钟;月下东邻吹箫;晨兴半炷茗香;午倦一方藤枕;开瓮勿逢陶谢;接客不着衣冠;乞得名花盛开;飞来家禽自语;客至汲泉烹茶;抚琴听者知音。

从这十六件乐事中,可见苏东坡极热爱生活,也懂得享受生活,是不折不扣的有趣之人。

"生活从来都不缺少美,而是缺少发现。"一个久居城市的少年能够享受"神游山林"之趣,这本身就是一个极好的例子。在有情趣之人眼中,万事万物莫不情趣盎然,蚊子可以是"群鹤舞空",蛤蟆可以是"庞然大物";在无情趣之人眼中,世界永远是枯燥无味的。

在生活中追求情趣,能使我们感到人生的美好,使我们更加热爱生活。一个人不能光知道工作,偶尔也要做一些"无用"之事,做有情趣之人。风和日丽时,躺在草地上看云,下雨天打伞听雨声,晚上看月亮数星星,躺在床上胡思乱想自己的前世今生……这些看似无用的事,却使我们的人生增加了情趣,有大用。

苏盈就是个极富生活情趣的人。虽然她工作很忙,闲暇时间不多,她却生活得有滋有味。

她一有时间就用丝线编织各种小背包,那黑丝线钩织的小包,衬上孔雀蓝的底衬,再缀上各式各样的饰物,俨然一件漂亮的工艺品,谁看见都会爱不释手。她家的椅子腿都套上了神奇的毛线套,害得别人去她家都舍不得往椅子上坐,生怕压坏压疼了这些可爱的"小生灵"。

在她家做客,客人能吃到她自己烤制的面包,里面添加了葡萄干、瓜籽、花生仁、核桃、果脯等各色果料,鲜香可口;能尝到她腌制的各色小菜,脆脆的地葫芦,吃起来又香又脆,实在难忘;她熬的腊八粥,她包的咸肉粽子,她烙的肉饼,都是那么诱人,吊人胃口。每次客人们都是连吃带拿,她则高兴地表示下次还要做得更多。

她从来没有因为忙碌的工作而影响自己的生活质量和生活情趣,大家对她的生活热情佩服得五体投地。

生活中积极向上、善良快乐的人,总是很有生活情趣。无论生活多么紧张,多么繁杂,多么无奈,他们热爱生活的心是不会变的。和这样的人在一起,能鼓舞你生活的信心,让你感悟生活的快乐。

有人把生活比喻成一首歌,但这歌并不都欢快得令人陶醉,它有忧伤,有凄凉,有哀痛和呻吟。只有真正懂得生活的人才会把它仍然当作一首歌来唱,将自己的嗓音调整到最佳状态,努力地把握好每一个音节,就连那伤心伤情之处也要表现得凄美而惨烈。

人们总是羡慕那些功成名就、百事百顺的人,认为他们是生活中的成功者,认为只有这些得到生活回报的人才会对生活充满感激、信心和激情。其实,真正懂得生活的人,对生活充满爱意的人,是那些在生活中遭遇挫折和不幸的人;是那些深知生活在世上,有快乐就有悲伤,有成功就有失败，有苦涩就有甘甜的人；是那些对生活没有过多奢求而认认真真生活的人；是那些把生活本身当作幸福的人。

有趣，和身份、地位、年龄无关。有趣幽默之人，往往是最富有理解力之人。也唯有这种人，方能从平凡的生活中寻出无尽乐趣。

当我们对待工作，不，是对待整个生活，都像一个艺术家一样，敏锐地洞察每一片段之美，怀着婴儿般的好奇心去探索每一个角落，以超凡的想象力、创造力来做每一件事，这该是多么美妙的事啊！世界每日常新，有那么多事情等待我们去发现，去创造，去感受，去爱，去超越。

4.最不能忘记的是读书

仓央嘉措是门巴族，本不懂藏语，曲吉和多巴负责教会仓央嘉措藏语和其他学问。到了1690年，桑结嘉措亲自挑选了几位学问高深的高僧担当仓央嘉措的经师，并在当地的巴桑寺中让他正式学习佛法。

此时，出现了另一个证据，证明仓央嘉措小时候曾接受过佛学教育。灵童在学习的过程中，要学习"佛学五明"，"佛学五明"为古印度的五门学科，概括了当时所有的知识体系。此所谓五明为"声明"、"因明"、"医方明"、"工巧明"、"内明"。而"声明"是一门教人写作的学科，主要教材为古印度的文艺理论著作《诗境》。后来，从《仓央嘉措情歌全集》的许多诗歌中，我们可以看出他的创作手法深受《诗境》的影响。这完全可以证明，就是从这门课开始，造就了仓央嘉措诗人的盛名。

一个人无法体验所有的人生经验，读书则可以让我们间接地了解不同的人生，用前人的经验充实自己。前人把知识转换为文字，供后人阅读、汲取文字中的营养，使我们今天能够少走弯路、少走错路，这是我们读书的第一大好处。我们可以从书本上学会选择自己的人生，看清楚人生的道路。

书读多了，身上的气质在不经意间就会体现出来，正所谓"腹有诗书气自华"，读书能使人心胸开阔、气度高雅、形象清俊、品格升华，能极大地提高人的社会形象和人生价值。

一个人要成功，他的知识非常重要。只有不断读书，才能让我们在面对生活和工作时，可以有足够的知识储备供我们随意提取，不仅可以助事业百尺竿头更进一步，还可以交到更多的朋友，积累丰富的人脉。

"好书悟后三更月，良友来时四座春。"捧一本好书，品一杯香茗，曾是很多人生活中的享受。然而，近年来，随着生活节奏加快、工作压力加大以及网络等新兴媒体的崛起，曾经那个渴望读书的时代，仿佛一去不复返了。参加工作、结婚，生活似乎成了多数人的主旋，他们有时间逛街购物，有时间泡网，有时间追电视剧，却唯独没有时间去读书。

每天为生活而打拼时，最不能忘的就是读书，没有源源不断的知识动力和精神支撑，我们拿什么去面对竞争？只有读书，你才能轻易地融入时代的潮流，跟上社会发展的节拍，才会激情洋溢地投身到你的工作之中。

只有读书，才能够不断地提升自身素质，使我们具有良好的精神境界。没有阅读就没有心灵的成长，就没有人们精神的发育。阅读虽不能改变人生的长度，却可以改变人生的宽度；阅读不能改变人生的物相，却可以改变人生的气象。不读书的人生是灰色的，只能让你的精神生活渐渐地枯萎。

曾国藩在写给儿子曾纪泽的信中讲到："人之气质，由于天生，本难改变，惟读书则可以变其气质。古之精相法者，并言读书可以变换骨相。欲求变换之法,须先立坚卓之志。"他认为每个人的天赋都无超常之处,事业的成功在于后天的勤学补拙,只有读书才能使人不断地完善自我。

爱读书的人,不管走到哪里都是一道风景。谈吐不俗,仪态大方,那是静的凝重、动的优雅,是坐的端庄、行的洒脱,是天然的质朴与含蓄的交融。

近代才女林徽因虽然在晚年饱受病痛折磨,变得憔悴不堪,但她由于饱读诗书而造就的那种清灵超逸的气质却打动了无数的人。直到今天,我们依然将对她的回忆定格在她那张灵秀的笑脸上,并由此充溢着对唯美的憧憬。

杨澜曾告诉年轻的女孩子,一定要养成读书的习惯,她说道:"女孩到了二十几岁后,开始慢慢接触社会,在与别人交往的过程中,谈吐与修养是最能征服别人的。我不相信一个不喜欢看书的女孩,她会是充满智慧的。没事的时候,去书店逛逛,认真挑几本可以提升自己的书籍买回家阅读,不管是名著还是理财方面的或是激励方面的,都有值得我们学习的地方。书可以让人们的生活丰富,也可以让人们的思想改变,选择阅读一本好书,胜过一个优秀的辅导师。"

读书可以丰富人的思想,滋养人的心灵,让女人以更加智慧、更加优雅的方式去生活。而且,读书还为女人的美丽增添了厚重的文化底蕴和质感。正如一位女作家所说,或许获得美丽有不少途径,但阅读是其中有效的、不昂贵的、不需求助他人的捷径。书籍是人类的精神财富,文字可以书写性情,陶冶情操。喜欢读书的人往往都是有修养、有素质的人。书籍,是永不过时的生命保鲜剂。

5.童真无价,返璞归真

能够保有孩童之心的人,可以称得上懂生活的艺术家。因为他们始终以一颗纯真的童心去面对自己的生活,让自己的精神永远保持青春,充满活力。

在这个复杂喧闹的社会中,当我们看见孩子无忧无虑地欢笑、嬉戏时,常会发出"还是做孩子好"的感慨。其实,我们都当过快乐的孩童,只是长大了,渐渐疏远或丢失了一些孩子身上的珍宝:纯真、无邪、热情、知足、简单……

有位老师让一群少年、少女把自认为"最幸福的是什么"一一写下来。他们的回答令人感动。

少年们的回答是:"有一只雁子在飞,把头探入水中,而水是清激的;因船身前行,而分拨开来的水流;跑得飞快的列车;吊起重物的工程起重机;小狗的眼睛……"

少女们的回答是:"倒映在河上的街灯;从树叶间隙能够看得到红色的屋顶;烟囱中冉冉升起的烟;红色的天鹅绒;从云间透出光亮的月儿……"

这就是快乐的孩子,他们能处处发现美,发现快乐。真正的幸福是很简单的,它就存在于我们生活中的每一个细微之处。这些简单平凡的"小幸福"要有一颗纯真、质朴的童心才能够体会得到。

幸福来源于优越的物质条件吗？显然不是,幸福是一种感觉。如果一个人的心中充满了幸福,痛苦、不幸就永远不会发生在他的身上。

唐朝时,有一位懒瓒禅师隐居在湖南南岳衡山的一个山洞中,他曾写下一首诗,表达他的心境:

世事悠悠,不如山岳,卧藤萝下,块石枕头;

不朝天子,岂羡王侯? 生死无虑,更复何忧?

这首诗传到了唐德宗的耳中,德宗心想,这首诗写得如此洒脱,作者一定也是一位洒脱飘逸的人物,应该见一见! 于是就派大臣去迎请禅师。

大臣拿着圣旨东寻西问,总算找到了禅师所住的岩洞,正好瞧见禅师在洞中生火做饭。大臣便在洞口大声呼叫道:"圣旨到,赶快下跪接旨! "洞中的懒瓒禅师却装聋作哑地毫不理睬。大臣探头一瞧,只见禅师以牛粪生火,炉上烧的是地瓜,火愈烧愈炽,整个洞中烟雾弥漫,熏得禅师鼻涕纵横,眼泪直流。大臣忍不住说:"和尚,看你脏的! 你的鼻涕流下来了,赶紧擦一擦吧! "

懒瓒禅师头也不回地答道:"我才没工夫为俗人擦鼻涕呢! "

懒瓒禅师边说边夹起炙热的地瓜往嘴里送,并连声赞道:"好吃,好吃! "

大臣凑近一看,惊得目瞪口呆,懒瓒禅师吃的东西哪是地瓜呀,分明是像地瓜一样的石头! 懒瓒禅师顺手捡了两块递给大臣,并说:"请趁热吃吧! 世界都是由心生的,所有东西都来源于知识。贫富贵贱,生熟软硬,你在心里把它看做一样不就行了吗? "

大臣看不惯禅师这些奇异的举动,也听不懂那些深奥的佛法,不敢回答,只好赶回朝廷,添油加醋地把禅师的古怪和肮脏禀告了皇帝。德宗听后并不生气,反而赞叹地说道:"我朝能有这样的禅师,真是大家的福气啊! "

人人都渴望返老还童，认为只有回到过去，才能找回孩童时的无忧、单纯、快乐的心境。殊不知，烦恼都是自找的。人越成长，越世俗，想的也就越多。逐渐地，他们被自己的想法所束缚，被他人的思想所控制，再也没有了原来的清静和快乐。

每个人都拥有一颗质朴、纯净的心灵，当你为生活的忙碌和沉重而感到不堪重负的时候，不妨重拾旧时那段纯真无瑕的时光，还自己一颗童心，带给自己一份平和的心境！

6.游走世界，放飞那不羁的灵魂

身处异地，享受着与平日生活截然不同的浪漫情调，你的内心必将充满感动，你那颗自由的灵魂不再在世俗里挣扎，而在浪漫中涅槃重生。

旅游是一件很感性的事情。自助游也好，参加旅行团也好，其实，一个人上路，并不会孤独，很多志同道合的朋友就在身边。条件最为艰苦的地方，往往是风景最好的地方。跋山涉水，徒步穿梭，呼吸新鲜的空气，寻找陌生的风景，与不同文化背景的人微笑招手，身临其境那传说中的理想国度，这一切都成了旅游的真谛和收获。

旅行有时候也只是一种心情的释放，好比沉在水底的鱼儿，在雷雨到来之前感觉烦闷，迫切地想要到水面透一口气。远离一个城市，奔赴另外一个城市，无论这个城市给你的感觉是好是坏，有一点不变的是，对于未知的风景，我们总抱着憧憬和好奇。旅行可以满足我们的窥视欲，我们窥视着每个城市不一样的节奏与表象,窥视着十年之后的同学老友现实与心理的变化,从而获得一种现实的平衡。旅行的意义,除了会改变你的世界观,其实也给你打开了生活的另一扇窗。对于一个一年365天,除了过年以及国庆长假能改变一下生活规律的打工一族来说,旅行的意义是给平淡无奇的生活开一道缝隙,这缝隙里有青草和花香的气息。无论是身居高层的精英,还是在基层拼搏的小白领,以及那些在房子、车子中挣扎的人,明明知道长假人多车多,旅行一次也是人累心累,但就是无法抑制那颗平时被繁琐生活压抑的想反击的心。一次远行,即是一次与平淡生活反叛的开始。

旅行,有时候也仅仅只是为了让自己的生活多一点偶然,打破一成不变的生活规律。无论是住新的酒店,还是坐一趟陌生的班机,想象自己的身影曾经在某个城市歇息过一晚,在某个地域的上空穿过,这个地方对我们来说就没那么陌生了。

网上曾有一个关于房价的说法:半个平米,你可以日韩、新马泰一游;一个平米,你可以游遍欧洲;半个卫生间,可以游遍非洲、美洲;一个卫生间,可以走遍全世界;等你游遍全世界,你的世界观也许就改变了。无意执著地分析这则话的现实意义,但传达出来的关于旅行的意义,却能给人很深的启迪。

旅行的意义,可以是陈绮贞歌里关于爱情的缠绵悱恻,也可以是过尽千帆的沧桑心态。人生短暂,稍不留神,曾经唾手可得的东西立马变成遥不可及。旅行,就是抓住生活中的每一朵浪花,然后在回忆里串成最美的记忆,照耀日后荒芜的岁月。

20岁的时候,可以将旅行变成情感沙龙,在旅行中整理敏感的思绪;30岁时,去专属于自己的旅行地点,在游历中沉淀日渐繁杂的心情;40岁时,告诉自己,除了家庭,还要记得有梦想没去实现;等到了50岁时,需要仍然保有对未知世界的好奇,提醒自己:最美的风景可以在不懈的追求中,也可以永远保留在心里……

旅行不仅带给我们认识世界的机会,更带给我们实现美好梦想的天空。

7.培养健康的生活情趣

生活情趣,是一个人思想觉悟、道德水准、知识水平和性格品质的展现。健康的生活情趣,能够愉悦身心,丰富精神世界,拓展思想境界。

每一个人都有自己的生活情趣,钟情于不同的生活方式。特别是随着我国社会主义市场经济的深入发展,社会文化生活呈现出多元化发展趋势,人们的生活情趣也日趋多样,各种形式的休闲娱乐活动成为工作学习之余减压、舒缓的重要渠道。从表面上看,生活情趣是个人的生活和态度,但它映衬的是人的思想行为、精神追求和审美情趣。如果在生活情趣上不注意加以辨别和选择,就很容易被社会上不良习气所腐蚀,使身心发生扭曲,让人生走入歧途。只有端正人生追求,培养积极、向上、庄重、质朴的生活情趣,才能始终保持身心健康、情趣高雅。

《礼记·大学》有言:"欲治其国者,先齐其家;欲齐其家者,先修其身;身修而后家齐,家齐而后国治。"就是说,人要完善人品操行,提高人生境界,提倡清心寡欲、生活朴素,防止坠入物质欲望的深渊,败坏道德品质。所以,孔子有"饭疏食饮水,曲肱而枕之,乐亦在其中矣"的自我满足,孟子有"富贵不能淫,贫贱不能移,威武不能屈"的立身警句,荀子有"居不隐者思不远,身不佚者志不广"的行为忠告。

诸葛亮更是在《诫子书》中提到:"君子之行,静以修身,俭以养德。非淡泊无以明志,非宁静无以致远。"告诫子孙要淡泊物质欲望,注重精神追求;明代于谦认为"名节泰山重,利欲鸿毛轻","但令名节不坠地,身外区区复何求",所以他清心寡欲,生活俭朴,即使身居高位,也无丝毫放纵;北宋范仲淹"虽位充禄厚,而以贫终其身",但其寄情山水的生活情趣却使"先天下之忧而忧,后天下之乐而乐"的爱国情怀流传千古。

可见,健康的生活情趣历来为古人所崇尚和追求,它不仅对人的德行修养起着积极的作用,更能使人们在休闲娱乐中明确人生追求,找到精神归宿。

健康向上的生活情趣本身就是一部生动的人生指南,它不但可以帮助人们放松紧张情绪,驱赶身心疲惫,享受美好生活,更像春风化雨般滋润着人们的心田,使人在潜移默化中得到磨练和砥砺,取得精神体魄、文化知识、思维能力和道德修养的全面提升。

下面列举几个健康的生活情趣,供大家参考选择。

(1)读书练字既可以提高文化素养,丰富精神世界,又可以锻炼毅力和陶冶性情。

(2)爱好集邮,可以从搜集和整理邮票的过程中了解世界各国的历史地理、风土人情,翻开集邮册,就仿佛在世界漫游了一遍,长了许多知识。

(3)棋类活动可以发展人的智力,锻炼逻辑思维和辩证分析能力,强化战略战术思想和思维的周密性、灵活性。

(4)爱好戏剧或电影,可以使人在光与影的交织中体味世间冷暖,启迪人生智慧,激励拼搏精神。

(5)登山、打球、健美等体育运动,在练就强健体魄的同时,也磨练了一个人坚忍不拔的意志和品格,为我们搞好学习工作打下了良好的心理和生理基础。

简言之,想要培养健康的生活情趣,应多读好书,多听多看好的文艺作品,使真、善、美的东西在脑海里扎根,努力掌握马克思主义美学的立场、观点和方法,按照美的规律去发现美、理解美、欣赏美和创造美;应善于从丰富多彩的业余文化生活中汲取营养。爱因斯坦说过,人的差异产生在业余时间。古今中外,凡是成绩斐然、令人仰慕的大家名家,其业余爱好大都积极健康。马克思闲暇时喜欢文学和演算数学;列宁工作之余喜欢欣赏贝多芬的乐曲和阅读托尔斯泰的小说,他还喜欢下国际象棋,并称之为"思想的体操";毛泽东从青少年时代起就酷爱游泳,波涛汹涌的大海、奔腾不息的江河都留下了他"不管风吹浪打,胜似闲庭信步"的英姿。

很多人在紧张的工作之余,也有许多业余爱好,也想要放松放松、娱乐娱乐,但要注意玩有所择、玩有所获、玩有所忌。不同的人有不同的生活情趣。有人喜欢旅行,希望踏遍名山大川,陶醉于"青山看不厌,流水趣何长";有人喜欢抚琴而歌,希望唱出自己的心声和风格;有人喜欢养花种草,享受自然界勃勃生机所带来的幽美;有人喜欢有事无事"杀"一盘棋,感受运筹帷幄、斗志角力的乐趣;有人喜欢泡吧,在喧闹的歌声和疯狂的舞蹈中释放自己……

高尚、健康的生活情趣,它既不因物质生活的贫乏而忽视精神生活的提高,也不因生活情趣的丰富而"玩物丧志";既不因反对享乐主义而排斥正当物质生活的改善,更不会把物质生活的富足看作生活的唯一目的,而是坚持物质生活与精神生活相统一,主张在休闲娱乐中陶冶情操、充实自我、提升自我。

附　录

那山,那水,那人
——充满传奇色彩的仓央嘉措

　　他,曾贵为六世达赖喇嘛;他,曾是雪域王子;他,曾牺牲自己挽救天下苍生;他,曾被人误以为是披着袈裟的情圣……

　　正史中的他只有寥寥数笔,野史传说中却遍布他的足迹;诗坛上的他有很深的造诣,而现实中的他是转世的活佛。这一切的一切注定,他在这三百多年乃至今后都是一个谜,没有人能揭开他那神秘的面纱。

　　历史上只有那么一个人,充满了传奇色彩,被人遗忘又记起,猜测又放弃。他,就是仓央嘉措。

1.身世之谜

　　仓央嘉措原名洛桑仁钦仓央嘉措。其父扎西丹增,原居错那宗;其母为赞普后裔,名叫次旺拉姆。仓央嘉措诞生于1683年(藏历第十一绕迥水猪年)3月1日。

　　1697年(藏历第十二绕迥火牛年)被藏王第巴·桑结嘉措认定为五世达赖喇嘛的转世灵童。同年燃灯节之际,第六世达赖喇嘛仓央嘉措在布达拉宫的司喜平措大殿, 在丹增达赖汗和第巴·桑结嘉措等藏蒙僧俗官员的参加下,举行了坐床典礼。清朝康熙皇帝从大局考虑,派出章嘉呼图克图等参加了典礼,并赏赐了无数珍宝。

　　1698年(藏历土虎年),仓央嘉措至哲蚌寺,建立最初的法缘,从《菩提道次第广论》的开首处,进行了经文传承,开始听取法相经典。第巴教授其梵文声韵知识,另外,还从班禅大师及甘丹寺主持、萨迦、格鲁、宁玛等派有道上师教授他大量显密经典。第巴对仓央嘉措的学习管理得非常严格。

　　仓央嘉措成长的时代,恰值西藏政治动荡,内外各种矛盾接连不断地开始出现之际。1700年(藏历铁龙年),丹增达赖汗在西藏去世,其次子拉藏鲁白遂来到前藏,承袭了乃父职位。蒙古施主当中对此产生了赞同与反对的两种意见。另外,第巴对第五世达赖喇嘛的圆寂进行了长期保密,这引起了清朝康熙帝的不满。在西藏内部,由于第巴独断专行,长期"匿丧",身穿袈裟而又公开蓄养"主母"等行为,招致哲蚌寺、色拉寺部分首脑表现出不满情绪。

各种矛盾错综复杂,仓央嘉措感到"失望,学习也无益处",遂变得懒散起来,且喜好游乐,放荡不羁。

1702年(藏历水马年六月),仓央嘉措20岁时,第巴劝其受比丘戒。他听从劝告,前往扎什伦布寺与班禅大师洛桑益西相见。第五世班禅的传记里说:"休说他受比丘戒,就连原先受的出家戒也无法阻挡地抛弃了。最后,以我为首的众人皆请求其不要换穿俗人服装,以近事男戒而受比丘戒,在转法轮。但是,终无效应,只得将经过情形详细呈报第巴。仓央嘉措在扎什伦布寺居17日后返回拉萨。"(《五世班禅洛桑益西自传·明晰品行月亮》209页)

自那以后,仓央嘉措便穿起俗人衣服,任意而为。白天在龙王潭内射箭、饮酒、唱歌,恣意嬉戏,还到拉萨近郊去游玩,与年轻女子寻欢作乐,放弃了戒行。

拉藏汗利用第六世达赖喇嘛仓央嘉措与第巴·桑结嘉措之间的矛盾,制造出了很多麻烦。第巴企图投毒杀害拉藏汗的说法传开以后,藏蒙福田、施主之间的矛盾变得更加尖锐了。公元1705年(藏历木鸡年)一月,第六世达赖喇嘛、吉雪第巴、拉木降神人、色拉、哲蚌二寺堪布、政府各要员、班禅大师的代表、蒙古诸施主等,集议如何解决矛盾。最后议决,第巴·桑结嘉措辞去地方政府的职务,将贡嘎宗拨给他作为食邑;拉藏汗保留"地方政府蒙古王"的称号,返回青海驻牧。但是,实际上双方都没有打算执行决议。拉藏汗从拉萨出发以后,在羊八井、当雄等地驻留多日,缓缓抵达那曲,在那曲集结了藏北各地的蒙古军队,准备打仗。他借口第巴未遵守决议,仍然待在布达拉宫内干预政府的一切事务,从那里折返拉萨。当年5月,拉藏汗在当雄将蒙古军队分为两路,一路由他亲自率领,从澎波而来;另一路由其妻次仁扎西及部分军官率领,从堆龙德庆而来。当时,色拉、哲蚌二寺的上师、密宗院的轨范师以及班禅大师的代表等人闻讯后,急忙先后赶去劝阻,请求汗王罢兵,但均遭到拒绝。公元1705年(藏历第十二绕迥木鸡年)七月,第巴·桑结嘉措被抓获,押至堆龙德庆的朗孜村立刻斩首。从此以后,蒙古人拉藏汗统治前后藏长达12年。

当时,在西藏地方政府的框架中,噶厦和孜康属于重要的机构。孜康机构既检查稽核政府收支,又主持培养官员的学校。不久,杀害第巴·桑结嘉措的凶狠王妃次仁扎西也死去了。

拉藏汗掌握大权以后,对第六世达赖喇嘛多方责难。还特派人员赴京师,谗言桑结嘉措勾结准噶尔人,准备反叛朝廷。还说,桑结嘉措在布达拉宫立的仓央嘉措不是第五世达赖喇嘛真正的转世灵童,他终日沉湎于酒色,不守清规,请予废立。康熙帝即派侍郎赫寿等人赴藏,敕封拉藏汗为"翊法恭顺汗",赐金印,并命将仓央嘉措从布达拉宫的职位上废除,"执献京师"。

遵照谕旨,废掉仓央嘉措以后,不久即"解送"北京。在哲蚌寺前的参尼林卡为其送行时,哲蚌寺僧人将其强行抢至该寺的甘丹颇章宫中。拉藏汗闻报后,立即派兵包围了哲蚌寺,寺僧们亦准备武力抵抗,双方即将发生流血冲突。仓央嘉措见此情形于心不忍,便自动走到蒙古军中,平息了这场一触即发的战斗。然后,从北路进京,抵达青海的仓央嘉措圆寂,时年25岁。这是传记中的普遍说法。所以,布达拉宫里唯独没有六世达赖的灵塔。

其后,拉藏汗将生于公元1686年(藏历火虎年)的活佛阿旺益西嘉措认定为第六世达赖喇嘛,将其迎至布达拉宫坐床,他在位11年。但是,西藏僧俗群众皆不承认他是达赖喇嘛的转世灵童。白噶尔增巴·益西嘉措坐床以后,拉藏汗便上奏康熙皇帝,请求皇帝承认他是达赖喇嘛,并赐金印。皇帝依奏,赐金印,印文为"敕封第六世达赖喇嘛之印",被修改为"敕赐第六世达赖喇嘛之印。"(《印鉴清册》11页)

为了稳定西藏当时的混乱局面,康熙帝于公元1713年(藏历第十二绕迴水蛇年)册封第五世班禅洛桑益西为"班禅额尔德尼",赐金册、金印,命他协助拉藏汗管理好西藏地方事务。从此,历代班禅的"额尔德尼"名号便确定了下来。

2.爱情之谜

相传,五世达赖喇嘛66岁时在布达拉宫圆寂,他手下的总管桑结嘉措自作主张隐瞒了达赖喇嘛的死讯,他向外公布说达赖老了,又有病,需要每天在密室里闭关静坐,研习佛法,不愿公开露面,同时,他又秘密派人四处寻访五世达赖的转世灵童。

在山南的措那地方,他们找到了一个聪明可爱的儿童,认定他是五世达赖的转世,并把他接到措那城堡悄悄供养起来。15岁时,这个孩子在布达拉宫大殿坐床,他就是六世达赖仓央嘉措。

仓央嘉措不喜欢被人当神佛一样供养在布达拉宫里,每天从早到晚没完没了地诵经礼佛使他非常厌烦。于是,他偷偷穿上俗人的衣服,戴上长长的假发,化名宕桑旺波,溜到拉萨八角街或布达拉宫下的雪村,找男朋女友玩耍,享受世俗生活的欢乐。

他写的一些诗歌,反映了他过着活佛和俗人的双重生活,其中有两首是这样写的:

在那东方山顶/升起皎洁月亮/年轻姑娘面容/渐渐浮现心上

黄昏去会情人/黎明大雪飞扬/莫说瞒与不瞒/脚印已留雪上

守门的狗儿/你比人还机灵/别说我黄昏出去/别说我拂晓才归

人家说我的闲话/自以说得不差/少年我轻盈步履/曾走过女店主家

常想活佛面孔/从不展现眼前/没想情人容颜/时时映在心中

住在布达拉宫/我是持明仓央嘉措/住在山下拉萨/我是浪子宕桑旺波

……

仓央嘉措在布达拉宫后面林园的湖中小岛上，修建了一座名叫龙王潭的精美楼阁,在这里邀集拉萨城里的男女青年,在一起唱歌跳舞、饮酒狂欢,仓央嘉措编写了很多情歌让大家演唱,这些情歌很快在西藏传唱开来,很受人们的喜爱。

在龙王潭,仓央嘉措结识了一个来自琼结地方的姑娘，名叫达娃卓玛。达娃卓玛容貌美丽,性情温柔,嗓音甜美,一双又黑又亮的大眼睛像刚刚酿就的葡萄酒,看一眼就能把人醉倒。仓央嘉措和她相知相爱,好像一个人是另一个人的影子。白天,他们在一起歌舞游玩,夜里也常常幽会。仓央嘉措非常喜欢达娃卓玛,认为她是神灵的赐予、前世的缘份,他写了这样一首歌来表达自己的心情:

拉萨人烟稠密,

琼结人儿美丽,

我心心相印的人儿,

是琼结地方来的。

俗话说,甜青稞往往酿成苦酒,快乐往往变成悲哀。后来,仓央嘉措发现达娃卓玛好些天没有到龙王潭来了,给她捎信约会,也像撒在水里的糌粑一样没有回音。于是,他亲自到她住处拜访,只见门上挂着一把大锁,跟邻居们打听,才知道达娃卓玛被她父母带回琼结好多天了。

仓央嘉措像丢了心爱的珍宝,心里特别难过。他失魂落魄,在烦闷之下编写了那首"不要再说琼结琼结"的歌。从此,仓央嘉措再没见过达娃卓玛,达娃卓玛成了他梦中的情人。

达娃卓玛回到琼结以后,生儿育女过日子,但她一天也没把六世达赖喇嘛仓央嘉措忘记。她白天想着他,夜里也想着他,她常跟仓央嘉措在梦中相会。在思念中只过了几年,六世达赖喇嘛仓央嘉措就圆寂了,去世时才25岁。为了寻找六世达赖喇嘛的转世灵童,活佛和官员们认真查找了六世达赖的遗物,以求寻找线索。他们在仓央嘉措的诗歌中,发现了这样一首暗示性很强的诗:

云间白色的仙鹤啊,

请把翅膀借给我,

我不会往很远的地方飞,

我到理塘转转就回来。

根据这首诗歌的意思,人们认为六世达赖很可能在理塘地方转世。于是,他们去了理塘,通过多方面验证,找到了一个聪明富态的男孩,后来这个男孩被迎请到布达拉宫坐床,他就是七世达赖喇嘛格桑嘉措。

格桑嘉措虽然出生在理塘,可是他的父亲罗桑达吉跟琼结有很深的关系。罗桑达吉出生在江孜地方,从小在琼结日乌德寺当喇嘛,后来和寺庙头人发生冲撞,为免遭迫害,他连夜逃出琼结跑到拉萨,到哲蚌寺给一个大活佛当佣人。有一次,他赶马帮到了四川省的理塘,在一条河边看见从上游漂下一个人,他救起来一看,是一位年轻女子。这女子是附近一户人家的女儿,淌水过河时不小心被水冲走了。这家人非常感谢,决定将姑娘嫁给他为妻,罗桑达吉十分高兴,将事情办完以后,遂和姑娘完婚,在理塘定居下来。不久,他们就有了一个孩子,就是后来成了七世达赖的格桑嘉措。

罗桑达吉本是个穷喇嘛,一夜之间成了佛父,拥有了地位和财富。在拉萨布达拉宫住了一些日子后,他又回到了琼结,提出要在日乌德寺新修一座弥勒强巴佛殿,塑一尊两人高的弥勒强巴佛镏金铜像。人们议论纷纷,有的说他是要感谢琼结地方的神灵,保佑他生了一个当达赖的孩子;也有人说他是为了在日乌德寺的头人面前显示一下自己。这时候,达娃卓玛虽然已经老了,但因为她和六世达赖喇嘛的关系人人皆知,很受人们的尊重和爱戴。佛像开光之前,罗桑达吉专程前去拜会了达娃卓玛,并诚恳地请她参加佛像的开光仪式。达娃卓玛感谢佛父的盛情,开光那天,她专门为佛像供奉了一条自己精心编织的七彩围裙,这条围裙被作为圣物装藏在佛像里面。

一晃两百年过去了,"文化大革命"时,一伙人冲进日乌德寺造反,他们捣毁了强巴佛殿,推倒了强巴佛像,一个名叫洛热娃的骡马贩子趁人不备,从强巴佛的肚子里将达娃卓玛供奉的那条颜色依然鲜艳的围裙偷偷揣进怀里带回了家。他喜孜孜地叫老婆围上,不料他老婆一围上这条围裙,便感到天眩地转,于是急忙解下来。后来又有几个人围过,反应都一样,没有办法,洛热娃只好又把围裙送回原来的地方。

3.死因之谜

六世达赖的死因,也成了一个永远的迷。

传说一,仓央嘉措在押解进京途中,病逝于青海湖。

传说二,仓央嘉措在路上被政敌拉藏汗秘密杀害。

传说三,仓央嘉措被清帝囚禁于五台山,抑郁而终。

传说四,好心的解差将仓央嘉措私自释放,他最后成为了一个青海湖边的普通牧人,诗酒风流过完余生。

流传最广的一种说法,也就是"密传"《琵琶音》的说法。"于火猪年当法王(即仓央嘉措)25岁时,被请往内地。""次第行至东如措纳时,皇帝诏谕严厉,众人闻旨,惶恐已极。担心性命难保,无有良策以对。于是异口同声对我(仓央嘉措)恳求道:'您已获自主,能现仙逝状或将形体隐去。若不如此,则我等势必被斩首。'求告再三。"仓央嘉措无限悲伤,话别之后,遽然上路,朝东南方向而去……此后,他经打箭炉至内地的峨眉山等地去朝山拜佛。然后,又到前后藏、印度、尼泊尔、甘肃、五台山、青海、蒙古等地云游,讲经说法,广结善缘,创下无穷精妙业绩。

据近年来的考古发现证实,仓央嘉措在内蒙阿拉善地区弘法利生,最后圆寂于此。腾格里沙漠中的承庆寺(六世达赖的圆寂地)、昭化寺(法体停放地)和贺兰山广宗寺(真身舍利存入处)就见证了六世达赖这一段生命历程。

六世达赖于乾隆十一年(1746)5月8日坐化,年64岁。乾隆二十二年(1757年),六世达赖弟子阿旺多尔济依照师父生前的意旨,在贺兰山中修造寺庙,寺内供奉着六世达赖灵塔(六世达赖肉身)。

乾隆二十五年(1760年),清廷为该寺赐名"广宗寺",授予镌有藏满蒙汉四种文字寺名的乾隆御笔金匾。此匾的落款为"大清乾隆岁次闰八月十六日",从此,南寺有了这个正式名称。

1966年文化大革命开始,造反派闯入广宗寺,捣毁了六世达赖灵塔,强迫僧侣们自己破坏六世达赖肉身,还焚烧了大量佛像、佛经。守寺的少数喇嘛被当做牛鬼蛇神加以批斗后赶出寺院,一些无家可归的僧人被驱逐到附近社队。70年代初,广宗寺的庙宇被全部拆除,木料用作他途,财产由有关部门低价变卖处理,这里瞬时变成了一片废墟。

之后,一老喇嘛将仓央嘉措遗骨偷偷火化,留有舍利存于寺内。十一届三中全会以后,宗教信仰自由政策重新得以落实。1981年,广宗寺部分僧人来到原寺址盖起蒙古包和帐篷,举行了夏季祈愿法会,并由罗卜桑宁吾、尚巴丹达尔、丹比宁吾等人出资出力,在原葛根仓房的遗址上盖建了15间平顶佛堂，把桑吉拉布坦精心捡起收藏的六世达赖骨灰重新造塔供奉。1989年开始新建有歇山式屋顶的30间殿堂。1990年7月初，新殿举行了开光仪式。

4.他始终在那里

在人们的想象中，仓央嘉措是一位向往世俗生活、离经叛道的情僧，"在那东方山顶上/升起了皎洁的月亮/娇娘的脸蛋/浮现在我心上"、"第一最好不相见，如此便可不相恋/第二最好不相知，如此便可不相思"等情诗被人们广为传诵。而真实的仓央嘉措到底什么样？在这几句诗外，人们又了解他多少？

仓央嘉措情歌的伪作与误传一直都存在，并非因为《非诚勿扰2》才开始，一些在网友间流传甚广、被称作"仓央嘉措最美的诗句"，其实与他毫无关系。

"你见或不见我，情都在那里，不增不减"、"那一世，我转山转水转佛塔，不为修来世，只为在途中与你相遇"、"我问佛……佛曰……"、"第一最好不相见，如此便可不相恋……第十最好不相遇，如此便可不相聚"。

如果你的摘抄本里恰好有这几句诗，后面还标注着"仓央嘉措"，那只能遗憾地告诉你，这都不是他写的：第一句出自扎西拉姆·多多创作的诗《班扎古鲁白玛的沉默》；第二句出自朱哲琴演唱的《信徒》；第三句出自网络拼凑诗《问佛》，其中一句系电影《青蛇》插曲歌词；最后一首，只有"第一"、"第二"是仓央嘉措所作，其后都为网友演绎。

如果你的收藏夹里恰好有这样一个名为"仓央嘉措最美的诗句"的帖子，里面有"我放下过天地，却从未放下过你"、"为了今生遇见你，我在前世早已留有余地"、"用一朵莲花商量我们的来世，再用一生的时间奔向对方"、"一个人需要隐藏多少秘密，才能巧妙地度过一生"，很抱歉地告诉你，它们也与仓央嘉措没有太大关系。

　　带有禅意或者出现西藏文化符号的诗句，被一股脑地称为仓央嘉措作品。"西藏、大和尚、情诗，都是小资向往的，没有人关心事情到底是怎么回事，只要网上在流传就信，只要符合他的想象。"

　　然而，人们对此并不关心，就像在为仓央嘉措"打假"时，有接近三分之一的网友说："只要诗好就行了，不在乎是谁的。"

　　这位寂寞的诗人，面目模糊的六世达赖喇嘛，在300年后接受着人们的朝拜、想象以及消费。在布达拉宫，仓央嘉措的塑像前，导游会停下来为游客讲一讲他的传奇。但在降边嘉措的印象中，仓央嘉措的塑像前没有酥油灯，也很少有人敬献哈达，他的像，只是一具普通的泥塑。

　　流行文化需要他，在西藏热情退潮后，仓央嘉措是足够能让人们再次表达神往的新元素——他是活佛，是有才情的诗人，诗很浪漫，朗朗上口像歌谣一样，写诗的时候，他可能在草原上流浪。总之，他能提供给你的除了舒畅的文本，还有大量的想象。

　　还有一条符合人们对所有才子的向往，那就是早逝。传说他25岁死于进京的途中，传说他死在青海湖边，和济慈、海子在同一个年岁离开世界，而这两位，在西方和中国的诗人中，几乎算是最为公众认识的了，介绍他们，早逝是最好的开场白。

　　对西藏的追捧，是从郑钧唱《回到拉萨》、朱哲琴的《阿姐鼓》就有的，到近几年，西藏已经没之前那么热乎了，附庸风雅的人会选择新的"据点"——丽江、婺源、伊斯坦布尔、布拉格……总之，只要普及到大众层面，就换地方。西藏的热潮消退不少，但它一旦有新的内容注入，仍然会回到主流"风雅人士"的视线里,回锅一下未尝不可。

虽然,仓央嘉措对于大多数人来说,就是一个好听的名字——你会听到有人叫他仓嘉央措,对于真的热爱藏地文化和诗歌的人来说,这个名字一定不是2010年才认识的,他们也不会整天把"你见或者不见我"挂在MSN签名和微博上,看过诗集的人,大多喜欢的并不是这样易于流行的诗句。

在开心网上,有一篇"被误读的仓央嘉措"转帖,一位多年来研究其诗作的人仔细分析了最近流行的几首诗中,哪些是狗尾续貂,哪些完全不是他的作品。本来是一个"技术帖",可以让风雅人士们少在公众场合丢人,只可惜大多数人不领情,评论中,人们认为:"只要是好听的诗,谁写的都无所谓,续得挺好,研究那么透干吗?""就算是假的我也喜欢。"无知者无畏,算是流行之下的产物吗——因为人数众多,所以无所谓,更谈不上"畏"了。

诗歌在翻译的过程里,会丢失一些原本的精粹,这是没办法的遗憾。藏语里,仓央嘉措有多美好,我们无从得知;汉语里,他已然泛滥了。但求在泛滥中,仍能有人仅从诗歌中来想象他,向往他曾经有过的生命体验。

延伸阅读:

仓央嘉措诗歌经典赏析

他快乐而忧伤地活着,没有灵塔让他在宗教和佛光中不朽,甚至他的名字仓央嘉措,也只是一带而过。在那长满不知名的野花和衰草的坟茔上,他的灵魂一次次地飞升……

仓央嘉措是个富有才华的诗人,却偏偏入了佛门。

几乎没有人可以像仓央嘉措那样写情诗,因为没有他那样的经历而没有他那样深至骨髓的渴望和无奈。他无奈地被逼成了出世的达赖活佛,无奈地被逼成了不食人间烟火的神,只能站在神台上受还在世间修行的男女的膜拜。而他虽则虔诚向佛,却更渴望入世为俗人,与心爱的女子厮守相爱。

经典诗摘录:

《那一世》摘录:

那一天,闭目在经殿香雾中,蓦然听见,你诵经中的真言。

那一月,我摇动所有转经筒,不为超度,只为触摸你的指尖。

那一年,磕长头匍匐在山路,不为觐见,只为贴着你的温暖。

《问佛》诗摘录:

我问佛:为何不给所有女子羞花闭月的容颜?

佛曰:那只是昙花的一现,用来蒙蔽世俗的眼,

没有什么美可以抵过一颗纯净仁爱的心,

我把它赐给每一个女子,

可有人让它蒙上了灰。

我问佛:世间为何有那么多遗憾?

佛曰:这是一个婆娑世界,婆娑即遗憾,

没有遗憾,给你再多幸福也不会体会快乐。

我问佛:如何让人们的心不再感到孤单?

佛曰:每一颗心生来就是孤单而残缺的,

多数带着这种残缺度过一生,

只因与能使它圆满的另一半相遇时,

不是疏忽错过,就是已失去了拥有它的资格。

我问佛:如果遇到了可以爱的人,却又怕不能把握该怎么办?

佛曰:留人间多少爱,迎浮世千重变,

和有情人,做快乐事,

别问是劫是缘。

我问佛:如何才能如你般睿智?

佛曰:佛是过来人,人是未来佛。

七绝诗摘录

之一

自恐多情损梵行,

入山又怕误倾城,

世间安得双全法,

不负如来不负卿。

之二

心头影事幻重重,

化作佳人绝代容,

恰似东山山上月,

轻轻走出最高峰。

之三

转眼苑枯便不同，

昔日芳草化飞蓬，

饶君老去形骸在，

变似南方竹节弓。

之四

意外娉娉忽见知，

结成鸳侣慰相思，

此身似历茫茫海，

一颗骊珠乍得时。